jamie's kitchen

Von Jamie Oliver gibt's außerdem:

Genial kochen mit Jamie Oliver
Kochen mit Jamie Oliver. Von Anfang an genial

jamie's kitchen

jamie oliver

DORLING KINDERSLEY

DORLING KINDERSLEY

London, New York, Melbourne, München und Delhi

Bibliografische Information Der Deutschen Bibliothek
Die Deutsche Bibliothek verzeichnet diese Publikation
in der Deutschen Nationalbibliografie;
detaillierte bibliografische Daten sind im Internet
über http://dnb.ddb.de abrufbar.

Titel der englischen Originalausgabe:
Jamie's Kitchen

Übersetzung: Susanne Vogel
Lektorat: Inken Kloppenburg, Verlags-Service
Redaktion: Werkstatt München

ISBN 3-8310-0447-1

Colour Reproduction: Dot Gradations, Wickford, Essex
Printed in Great Britain by Butler & Tanner, Frome, Somerset

Besuchen Sie uns im Internet
www.dk.com

Mehr über Jamie Oliver unter www.jamieoliver.com

Inhalt

Für meine beiden tollen Mädels:

Die hinreißende Jools, die wunderbarste Frau, die mir jemals begegnet ist, und die kleine Poppy, das Wunderbarste, was ich jemals zustande gebracht habe.

In Liebe, Dad
X

WAS WAR DAS FÜR EIN JAHR! In den vergangenen zwölf Monaten habe ich mächtig dazugelernt und wirklich eine Menge über mich erfahren. Echt wach gerüttelt hat mich die Geburt meiner Tochter Poppy. Manches ändert sich aber nie, zum Beispiel meine absolute Leidenschaft fürs Essen. Damit meine ich auch alles, was mit dem Kochen zu tun hat - erstklassige Zutaten aufzutreiben und vor allem Rezepte zu erfinden. Wenn ich ein neues Gericht oder eine neue Zubereitungsart ausprobiere, geht es mir wie damals, als ich das Fahrradfahren lernte. Ich bin zwar öfter auf die Nase gefallen, aber trotzdem habe ich nie den Spaß daran verloren. Genauso soll es Ihnen beim Kochen gehen.

Es war auch deshalb für mich ein aufregendes Jahr, weil ich endlich eine Idee verwirklichen konnte, die ich schon lange hatte. Vor etwa sieben Jahren, als ich noch gar nicht lange im River Café war, traf ich mich mal mit Kirsty, einer Freundin. Damals arbeitete sie mit schwer erziehbaren Jugendlichen zusammen, die ziemlich aggressiv und schrill drauf waren und in der Schule und zu Hause regelmäßig Probleme hatten. Sie erzählte mir, dass es wichtig wäre, diese jungen Menschen für etwas zu begeistern, ihnen Selbstvertrauen und Verantwortung zu geben. Kochkurse kamen bei ihnen richtig gut an, weil sie dabei Dinge fühlen, riechen und selbst kreieren konnten und - am allerwichtigsten - Spaß hatten. Meine Schullaufbahn ist auch nicht immer auf der Geraden gewesen, aber ich habe zum Glück von meinem Dad gelernt, dass Begeisterung Flügel verleihen kann, und genau das wollte ich jetzt diesen Kids vermitteln. Nach fünf fantastischen Jahren für mich fand ich es an der Zeit, etwas zurückzugeben und auch andere nach vorn zu bringen. So entstand die Idee für »Jamie's Kitchen«.

Alle meine Gedanken liefen letztlich auf einen einzigen hinaus: eine Gruppe arbeitsloser Jugendlicher mit Interesse am Kochen auszubilden und in London ein neues Spitzenrestaurant zu eröffnen, das von ihnen geführt wird. Sämtliche Gewinne sollen verwendet werden, um sie auf Lehrgänge zu den besten Köchen in aller Welt zu schicken - in Großbritannien, Italien, Frankreich, Australien und Japan. Was haben die Brüder Roux, Marco Pierre White und Gordon Ramsay in so kurzer Zeit bewegt! Sie alle sind unglaublich gute Köche, die wir uns zum Vorbild nehmen sollten. Gemeinsam haben sie eine Lanze für die britische Küche gebrochen, und inzwischen sind ihre Schützlinge in ihre Fußstapfen getreten, mit brillanten Ergebnissen.

Wie meine Fernsehsendungen will dieses Buch nicht als trockene, tierisch ernste Anleitung verstanden werden, sondern auf einfache, verständliche Art vermitteln,

Meine »Gang«

Saltfish

Johnny

Pizzey

Jools

Nice Ralph

Kerryann

ich

Nicola

was ich unter Kochen verstehe. Genauso bin ich auch die Ausbildung meiner »Gang« angegangen. Es lief alles hervorragend. Alle haben sich richtig reingehängt und waren total lernbegierig. Klar, dass nicht immer alles glatt gelaufen ist, aber sie sind alle gut vorangekommen, und ich glaube, dass ihnen die ganze Erfahrung einen echten Kick gegeben hat. Das sie jetzt als voll ausgebildete Köche dastehen, macht mich echt glücklich.

Viel gereist bin ich auch wieder und habe dabei großartige Menschen getroffen. Ich kann Ihnen gar nicht sagen, wie froh und zufrieden es mich macht, wenn alle möglichen Leute - ob Jugendliche oder Rentner, Studenten oder Bauarbeiter - mit mir über meine Rezepte reden, die sie nachgekocht haben. Am besten aber

Tim Ben Warren Roberto

'Bei unserer ersten Begegnung hatte ich Angst um
meine Brieftasche und kam
mir vor wie im Film — so eine
Mischung aus Alan Parkers
»Fame« und Tarantinos
»Reservoir Dogs«.'

Lindsay Elisa Nicola Jamie Scouser (Restaurant-Manager)

gefällt es mir, wenn jemand erzählt, dass er ein Rezept abgewandelt hat, weil er
anstelle von Streifenbarbe lieber ein ordentliches Kabeljausteak essen wollte. Oder
wenn ich höre: »Ich mag keine Birnen, deshalb habe ich Pfirsiche genommen«,
oder auch: »Aus den Ravioli habe ich Tortellini gemacht«. Viel mehr kann ich mir
eigentlich gar nicht wünschen, denn es zeigt mir, dass ich ihnen Vertrauen in ihre
eigenen Kochkünste geben konnte. Schließlich geht es nicht darum, ein Profi zu
werden, der den Kopf voller Fakten, Zahlen und Techniken hat.

Es würde mich einfach freuen, wenn Sie Ihren eigenen Weg finden und mich
dabei als Begleiter und Ratgeber sehen. Leben Sie Ihre Kreativität aus,
geben Sie Ihr Bestes und vergessen Sie wie immer das Lachen nicht.

Love Jamie O
XXX

Das richtige Equipment

Wer sich in noblen Küchenläden und Einrichtungshäusern umsieht, findet dort alle möglichen Hightech-Utensilien wie etwa Töpfe mit Glasdeckel, Glasboden, abnehmbaren Griffen und anderem Schnickschnack. Bei näherem Hinsehen aber lässt deren Qualität oft zu wünschen übrig. Sie brauchen nur eine kleine Ausstattung, die aber in einer soliden Qualität. In einem Profi-Küchenladen finden Sie alles und zu vernünftigen Preisen. Solche Läden haben es nicht nötig, Unsinn zu verkaufen.

Hier einige Sachen, ohne die ich nicht leben (und kochen) könnte:

* eine große, beschichtete Pfanne
* eine große Kasserolle aus Steingut oder Edelstahl
* einige große, mittlere und kleine Töpfe mit schwerem Boden
* mehrere Metallzangen
* ein paar Holzlöffel
* ein dickes, robustes Schneidbrett aus Holz – das darf etwas teurer sein, dafür hält es länger
* ein Schneidbrett aus Kunststoff für Fisch – nur so groß, dass es noch in den Geschirr-spüler passt
* einen mittelgroßen Steinmörser mit Stößel – gibt es in allen guten Haushaltwarenge-schäften; auch in Asia-Läden preiswert zu bekommen
* eine Küchenmaschine – die Anschaffung macht sich bald durch viel Zeitersparnis bezahlt
* ein Koch-, Gemüse- und Brotmesser – für den Anfang reichen diese drei, Voraussetzung: beste Qualität
* Fischheber, Pfannenwender, Schaumlöffel, Schöpfkelle und Schneebesen – alle aus Edelstahl, nicht aus Kunststoff
* einen Sparschäler – kostet nicht viel und ist wirklich praktisch
* 2 oder 3 robuste Bratbleche – je dicker, desto besser
* eine Salatschleuder – eine billige tut's, denn auch Luxusmodelle machen nach einem Jahr schlapp
* eine Küchenwaage
* mehrere feine und grobe Küchensiebe in verschiedenen Größen
* einen Messbecher
* Küchengarn
* eine Vierkantreibe aus Metall zum groben Raspeln, feinen Reiben und Hobeln
* ein Nudelholz (vielleicht finden Sie so eins wie links auf dem Foto, das gibt auch noch einen prima Holzstampfer ab)
* Kuchenformen
* ein Drahtgitter

Tipps für den Einkauf

Für manche Menschen ist das Einkaufen von Lebensmitteln eine eher lästige Angelegenheit. Dabei sind gute Zutaten beim Kochen fast schon die halbe Miete. Hier ein paar Tipps, wie Sie wirklich das Beste finden und auch bekommen.

* Achten Sie darauf, dass Ihnen die wichtigsten Grundvorräte, Kräuter und Gewürze nicht ausgehen.
* Wenn Sie eine Ware nicht in Ordnung finden, die Sie gerade gekauft haben, sollten Sie sie zurückbringen. Auch ein Laden lernt ja aus Fehlern. Und wenn ein Supermarkt nicht führt, was Sie suchen, schlagen Sie dem Filialleiter vor, diesen Artikel versuchsweise ins Sortiment aufzunehmen. Vanilleschoten, Weizengrieß, gutes Olivenöl und eine Auswahl von Essigen sollten immer auf Lager sein. Sonst machen Sie Rabatz!
* Sind Sie in einem Geschäft Stammkunde, fragen Sie nach dem zuständigen Ansprechpartner, wenn frische Produkte allzu schlampig präsentiert sind. Ich beschwere mich regelmäßig und kann Ihnen sagen: Man erreicht wirklich etwas damit.
* Kaufen Sie frische Produkte nicht allein nach dem Aussehen, sondern riechen Sie daran und nehmen Sie sie in die Hand.
* Bestes Rindfleisch ist nicht saftrot, sondern eher dunkel. Diese Farbe kommt durch längeres Abhängen zustande, das je nach Alter und Rasse des Schlachttiers gut zwei bis fast vier Wochen dauern kann. Außerdem sollte das Fleisch gleichmäßig von Fett durchzogen sein.
* Wirklich frischer Fisch riecht nicht, hat klare Augen, glänzende Schuppen und rote Kiemen. Bei Fischen und Meeresfrüchten, die hinter Glas für Sie unerreichbar sind, müssen Sie sich auf Ihren Instinkt verlassen und danach urteilen, wie sie präsentiert sind. Schlecht oder ungleichmäßig geschnittener Thunfisch, sorglos aufgetürmter und infolgedessen aufgebrochener Kabeljau oder Jakobsmuscheln, die in einer Pfütze aus Fischsaft oder geschmolzenem Eis liegen, sind eindeutige Anzeichen dafür, dass die Leute nichts von ihrem Job verstehen. Ist dagegen alles ordentlich portioniert und sauber arrangiert, sind Sie mit ziemlicher Sicherheit an der richtigen Adresse.
* Wenn Sie nicht wissen, was Sie kaufen sollen, fragen Sie den Fischhändler oder Metzger, was er abends essen wird oder was er kaufen würde oder ob er noch etwas anderes auf Lager hat. Manchmal wird die frischeste Ware den Kunden vorenthalten, solange die ältere noch nicht verkauft ist.
* Bitten Sie den Fischhändler oder Metzger, das, was Sie gekauft haben, gleich küchenfertig vorzubereiten – beim Zusehen können Sie bestimmt viel lernen.
* Kaufen Sie nach Möglichkeit Produkte aus Ihrer Region oder zumindest aus Ihrem Land.
* Kaufen Sie Saisonprodukte. Die Jahreszeit soll entscheiden, was Sie kochen.

'Beim Einkaufen ist ein cooler Einkaufs-Trolley wichtig!'

Jetzt sind Sie dran

Vielleicht haben Sie sich ja schon einmal gefragt, woher Köche ihre Ideen nehmen. Ich werde deshalb einfach mal ein bisschen von mir erzählen, denn ich glaube, meine Vorliebe für leichtes, frisches und farbenfrohes Essen hängt damit zusammen, wie ich bin und was ich so treibe, wenn ich nicht gerade in der Küche stehe.

Ich bin ziemlich spontan und liebe meine Familie, meine Freunde und meine Art zu leben genauso wie das Kochen. Und immer wieder merke ich, dass sich das auf meine Rezepte auswirkt – wie übrigens auch meine Klamotten und die Musik, die ich höre. Meine Küche ist nicht formell oder konventionell, weil ich das selber nicht bin. Ich finde eben, dass man den Dingen seinen eigenen Stempel aufdrücken sollte. Ihr Zuhause richten Sie ja auch nach Ihrem Geschmack ein. Wenn Sie zu einer Hochzeit eingeladen sind, möchten Sie dann wirklich in Anzug und Krawatte erscheinen? Und warum sollen Sie sich zu Ihrem Steak-Sandwich nicht einen edlen Bordeaux genehmigen? Es gibt schon genug Regeln, Verbote und Widersprüche im Leben. Da bin ich doch gerne etwas schrill, unorthodox und (hoffentlich!) ein bisschen funky – auch beim Kochen.

Ich bin geradezu versessen aufs Essen. Abends denke ich bereits ans Frühstück und beim Frühstück ans Abendessen. Oft male ich mir zehn Tage im Voraus in allen Details ein Essen für die Familie aus. Man kann es mit der Planung aber auch übertreiben. Es hat zum Beispiel keinen Sinn, sich auf einen bestimmten Fisch zu fixieren, der dann gar nicht vorrätig ist oder – schlimmer – seit dem Wochenende vergebens auf einen Abnehmer wartet. Das stinkt ihm nämlich – und zwar buchstäblich. Fragen Sie lieber den Händler, was er frisch bekommen hat. Inspizieren Sie, was er Ihnen empfiehlt, gebrauchen Sie dabei Ihre Augen, Ihre Nase und Ihre Hände – und entscheiden Sie dann. Am inspirierendsten ist Einkaufen, wenn man einfach über den Markt schlendert und sich umsieht, was die Jahreszeit so zu bieten hat. Stellen Sie sich vor: Gerade ist der erste Spargel aufgetaucht, die Erbsen sind knackig und zuckersüß und die Minze wächst, was das Zeug hält, sie überwuchert den Rosmarin regelrecht. Sizilianische Zitronen leuchten auf, an denen noch frische Blätter sprießen ... Es ist kaum auszuhalten, so herrlich ist das alles! Zu Hause steht eine Flasche gutes Olivenöl, da bin ich mir sicher. Außerdem habe ich noch diesen super Arborio-Reis für Risotto, ein Paket Tagliatelle oder meinetwegen Spaghetti und sogar ein paar Bio-Eier. Ich könnte ein Omelett mit etwas Pecorino und Parmesan machen – oder doch lieber mit Ziegenkäse? Mir läuft das Wasser im Mund zusammen.

Es geht darum, sich zu trauen und einfach etwas auszuprobieren. Manchmal glaube ich, etwas Neues erfunden zu haben, und dann stelle ich fest, dass schon jemand anderes auf die beinahe gleiche Idee gekommen ist. Aber das stört mich in keiner Weise, und auch Sie sollten sich von so etwas überhaupt nicht irritieren lassen. Machen Sie das Kochen zu einem Teil Ihres Lebens – Sie werden es lieben!

Wenn ich ein neues Gericht ausprobiere, versuche ich, erst einmal so etwas wie eine Zeichnung zu machen, bevor ich richtig anfange. Es hilft mir, Dinge vor mir zu sehen, und sicher gibt es auch etwas, was Ihnen in ähnlicher Weise hilft. Es ist ein bisschen wie einen Einkaufszettel zu schreiben oder einen Garten zu planen. Auf der Seite gegenüber habe ich ein paar Sachen zusammengestellt, die mich inspirieren, denen ich mich verbunden fühle und die mir gut tun. Jeder hat so eine »Montage« im Kopf, sie sieht nur bei jedem ganz anders aus – genau wie das, was er kocht.

KNACKIGE SALATE

Anders als in den folgenden Kapiteln dieses Buches geht es hier nicht um eine spezielle Garmethode. Aber es gibt vieles, was man wissen oder können muss, um grandiose Salate auf den Tisch zu zaubern. Ich hoffe, dass Sie eine Menge Anregungen in diesem Kapitel finden. Maßgebend ist im Grunde Ihr persönlicher Geschmack. Es kommt nur darauf an, die Zutaten gut zu kombinieren und ja keine abgestandenen Sachen zu servieren.

Violetter Kartoffelsalat

Für diesen Salat mische ich gern neue mit violetten Kartoffeln. Es lohnt sich, nach ihnen zu suchen, denn sie sind einfach der Hit! Falls Sie sie nicht auftreiben können, nehmen Sie eben nur neue Kartoffeln.

Für das Dressing das Öl und den Zitronensaft mit der Crème fraîche oder dem Frischkäse verrühren. Die Kartoffeln in viel sprudelndem Salzwasser etwa 20 Minuten kochen, bis sie weich sind, und dann abgießen. Sobald Sie sie anfassen können, ohne sich die Finger zu verbrennen, die Haut mit einem Messer abziehen und die Kartoffeln in mundgerechte Stücke schneiden. Gründlich mit dem Dressing vermischen. Jetzt kommen noch die Radieschen und die Kräuter dazu. Alles kräftig würzen – fertig!

6 PORTIONEN
6 EL bestes Olivenöl
Saft von 1-2 Zitronen
250 g Crème fraîche oder Frischkäse
500 g kleine neue Kartoffeln
500 g violette Kartoffeln
Meersalz und frisch gemahlener schwarzer Pfeffer
1 Bund Radieschen, in feine Scheiben geschnitten
1 Hand voll frische Minzeblätter, gehackt
1 Hand voll Schnittlauch, gehackt

Mein neuer Salat-Favorit

Für mich gehört dieser Salat zu den Highlights des letzten Jahres. Ein echtes Geschmackserlebnis – frisch und pur! Bisher war jeder, der ihn probiert hat, absolut begeistert. Die Rolle von Blattsalat übernimmt hier Estragon. Und das in meiner Küche, wo ich doch immer so viel Respekt vor dem kräftigen Kraut hatte. Wenn man es aber ohne jede Scheu und mit vollen Händen verwendet, dann schmeckt es bärenstark noch dazu in dieser Kombination mit süßen Trauben und salzigem Ziegenkäse. Falls Sie nicht genügend Estragon bekommen, nehmen Sie zur Verstärkung etwas Rucola. Das funktioniert genauso. Trotzdem schmeckt Estragon allein so gigantisch, dass Sie das unbedingt auch mal probieren sollten.

Übergießen Sie zunächst die Schalotten in einer Schale mit so viel Essig, dass sie gut bedeckt sind. Wenn Sie sie schön fein geschnitten haben, brauchen die Schalotten nur etwa 10-15 Minuten, bis sie genau so sind, wie sie sein sollen, nämlich knackig wie eingelegte Zwiebeln.

Alle anderen Zutaten halten Sie im Kühlschrank bereit. Sobald alle Ihre Gäste um den Tisch versammelt sind, entkorken Sie eine Flasche frischen Weißwein für die Runde, und dann legen Sie los: Die Estragonblätter in eine Schüssel werfen. Die Trauben, die Schalotten (mit nur 5 EL von ihrem Essig) und das Olivenöl dazugeben. Alles vermischen und mit etwas Salz und Pfeffer würzen – denken Sie aber daran, dass der Käse, der zuletzt auf den Salat kommt, ziemlich salzig ist. Den Salat mit einer Zange auf vier Teller verteilen. Den Käse darüber reiben oder krümeln und das restliche Dressing aus der Schüssel über die einzelnen Portionen träufeln. Sie werden begeistert sein!

4 PORTIONEN

2 große längliche oder
6 normale Schalotten, geschält und in sehr feine Scheiben geschnitten

guter Weißwein-, Sherry- oder Champagneressig

4 große Hand voll frischer Estragon, die Blätter abgezupft

1 kleine Traube kernlose rote Weintrauben, halbiert

1 kleine Traube kernlose helle Weintrauben, halbiert

6 EL bestes Olivenöl

Meersalz und frisch gemahlener schwarzer Pfeffer

200 g nicht zu weicher Ziegenkäse oder gesalzener Ricotta

'Halten Sie beim Einkaufen die Augen offen, fassen Sie ruhig alles an, riechen Sie an den Sachen ... Vertrauen Sie Ihrem Instinkt. Wenn er ja sagt, greifen Sie zu!'

Dicke Bohnen mit knusprigem Speck und Erbsen-Pecorino-Minze-Dressing

Ein denkbar einfacher und echt leckerer Salat, der sich wirklich nicht zu verstecken braucht: Keine Berge von Blättern, nur ein paar gute Zutaten - eine von jenen gelungenen Kombinationen, die einem schon bei der Vorstellung das Wasser im Mund zusammenlaufen lassen. Ideal sind in diesem Fall junge Erbsen und Dicke Bohnen. Bohnenkerne, die schon etwas älter sind, werden enthäutet. Und die Erbsen können ruhig auch dicker sein, weil sie ohnehin püriert werden.

Einen Topf zur Hälfte mit Wasser füllen und zum Kochen bringen - Salz kommt nicht dazu, das macht Bohnen und Erbsen hart. Den Backofen auf 250 °C vorheizen. Den Knoblauch und nach einigen Minuten die Bohnen ins sprudelnde Wasser werfen. Je nachdem, wie alt sie sind, brauchen sie 3-5 Minuten zum Garen - zwischendrin einfach probieren. Wenn Ihnen die Haut zu hart ist, lassen Sie die abgegossenen Bohnen etwas abkühlen und enthäuten Sie sie: zwischen Daumen und Zeigefinger nehmen und leicht drücken, bis der Kern herausflutscht. Die Haut werfen Sie weg und den Knoblauch legen Sie beiseite. Auf einem Backblech den Speck und daneben die Mandeln ausbreiten und in den heißen Ofen schieben. Die Speckscheiben sollen knusprig ausbraten und die Mandeln leicht angeröstet werden. Sollte eins von beiden früher fertig sein, nehmen Sie es schon mal heraus. Behalten Sie das Ganze also im Auge, vor allem die Mandeln, die nicht zu stark bräunen dürfen.

Für das Dressing die rohen Erbsen und den weich gekochten Knoblauch im Mörser oder in der Küchenmaschine zerstoßen bzw. hacken. Den Käse und einen Großteil der Minze hinzufügen und mit dem Stößel zerreiben oder mehrmals den Momentschalter drücken, bis sich alles zu einer weichen Masse verbindet. Das Olivenöl und etwa 4-5 EL oder so viel Zitronensaft unterrühren, bis eine eher dickflüssige Mischung entsteht - so wie sie es mögen. Mit Salz und Pfeffer würzen. Der Clou daran ist, dass man die Süße der Erbsen genauso herausschmeckt wie die pikante Säure der Zitrone, die Würze der Minze und das sanfte, runde Aroma des Käses. Alles sollte ausgewogen sein, aber natürlich auch Ihrem Geschmack entsprechen.

Die Bohnen mit dem Dressing vermischen und auf vier Teller verteilen. Den Speck in kleinen Stückchen darüber geben. Die Mandeln leicht zerstoßen, die restliche Minze grob zerpflücken und beides über den Salat streuen. Zuletzt hobeln Sie noch etwas Parmesan darüber.

4 PORTIONEN
1 Knoblauchzehe, einfach nur geschält

300 g Dicke Bohnenkerne

8 Scheiben durchwachsener Frühstücksspeck (Bacon)

1 Hand voll Mandeln, blanchiert und enthäutet

150 g enthülste frische Erbsen

70 g Pecorino oder Parmesan (nach Belieben auch gemischt), frisch gerieben

1 Hand voll frische Minze, die Blätter abgezupft

8 EL bestes Olivenöl

Saft von 1-2 Zitronen

Meersalz und frisch gemahlener schwarzer Pfeffer

Variante 1: Lassen Sie den Speck in der Pfanne aus. Sobald er leicht knusprig wird, geben Sie etwas in Scheiben geschnittenen Knoblauch zusammen mit einer Hand voll kleinerer Garnelen und anschließend die Mandeln dazu. Ansonsten ändert sich am Rezept nichts.

Variante 2: Für einen herzhaften Snack den fertigen Salat grob pürieren und das Ganze auf geröstete Brotscheiben streichen.

Variante 3: Verteilen Sie die Mischung einfach auf gedämpftem Fisch.

Knackiger Salat mit arabischem Einschlag

Eine Art Frischzellenkur für die Sinne ist dieser kleine bunte Salat, der sich als Beilage genauso gut macht wie zu einem Barbecue. Ich hatte, wie es auch bei Ihnen bestimmt vorkommt, keinen Blattsalat im Kühlschrank. Stattdessen fand ich noch ein paar Möhren und Äpfel. Plötzlich regte sich in mir diese arabische Ader. Ich kramte Tahin hervor – eine Paste aus Sesamsamen, die inzwischen jeder bessere Supermarkt führt –, nahm etwas Minze hinzu und stellte diese kleine Komposition zusammen. Damit das Ganze den Gaumen so richtig beschäftigt, schneide ich manche Zutaten in Scheiben und andere in Stifte. Sie können sie aber ohne weiteres auch auf der groben Seite der Vierkantreibe raspeln (siehe Seite 30), falls die Zeit drängt.

Die Möhren in streichholzgroße Stifte (siehe Seite 266), die Radieschen in feine Scheiben schneiden – Sie müssen das Grün zuvor nicht unbedingt mit Stumpf und Stiel entfernen. Die Äpfel vierteln, vom Kerngehäuse befreien und ebenfalls in feine Scheiben schneiden. Diese und die restlichen Zutaten außer den Sesamsamen in einer Schüssel gründlich vermischen. Den Salat nicht zu kräftig würzen und zuletzt mit dem Sesam bestreuen. Möglichst sofort essen.

Variante 1: Hühnerbruststreifen, Garnelen oder Jakobsmuscheln, die Sie zuvor mit etwas Paprika bestäubt haben, kurz braten und noch warm auf dem Salat anrichten.

Variante 2: Für eine leichte Zwischenmahlzeit etwas Halloumi (Lake-Käse, ersatzweise eingelegter Feta) mit gehackten frischen Chilis goldgelb braten und über den Salat geben.

Variante 3: Pittabrot unter dem Grill rösten. Mit dem knackigen Salat und etwas zerkrümeltem Feta füllen. Ein Genuss!

4 PORTIONEN
300 g Möhren, geschält
150 g Radieschen
2 knackige Äpfel
1 kleine Hand voll Rosinen oder Sultaninen
1 Hand voll frische glatte Petersilie, grob gehackt
1 Hand voll frische Minze, grob gehackt
4 EL Sherry- oder Rotweinessig
8 EL Olivenöl
1 EL Tahin
Meersalz und frisch gemahlener schwarzer Pfeffer
2 EL Sesamsamen, im Ofen geröstet

REIBEN UND HOBELN

Eigentlich liegt es auf der Hand, trotzdem muss man erst einmal darauf kommen: Die Reiben und Sparschäler sind nicht nur nützlich, um Käse klein zu kriegen und Möhren oder Kartoffeln ordentlich zu schälen. Hier ein paar Tipps, wie man mit ihnen beim Kochen Zeit spart.

Kartoffeln sind für Kartoffelpuffer oder auch für das Rezept auf Seite 220 ruck, zuck geraspelt ...

... oder, genau wie viele andere Gemüse auch, rasend schnell in Scheiben geschnitten.

Gerieben entfaltet Ingwer sehr viel mehr Aroma als gehackt oder gehobelt.

Geriebene Schokolade ist die Krönung für viele Desserts.

Dünne Gurkenstreifen lassen es in Salaten und vegetarischen Zubereitungen so richtig krachen.

In Sekundenschnelle sind mit etwas fein gehobeltem Parmesan Gerichte garniert.

Schnell und effizient entstehen mit dem Sparschäler fast durchsichtige Scheiben, superfrisch und knackig - wunderbar in Salaten, Wokgerichten und vielem mehr.

Schokospäne für Desserts - mit einem Gemüseschäler kein Problem.

Selleriesalat

Ich hatte den altmodischen Sellerie mit Remoulade einfach satt. Er ist ein Klassiker der französischen Küche und meinem Salat im Grunde zwar nicht ganz unähnlich, aber bei ihm wird der Sellerie geraspelt und dazu kommen Senf und Mayonnaise. Für mein Rezept sollten Sie einen guten Sparschäler zur Hand haben. Ich verwende für diesen Salat meist Kapern, die in Essig eingelegt sind, sie passen bestens.

Nachdem Sie den Sellerie sauber abgeschält haben, werfen Sie die äußerste Schale weg. Schälen Sie jetzt weiter, wobei Sie die Knolle regelmäßig drehen, sodass Sie lange Bänder erhalten. Wahrscheinlich reißen diese zwischendrin ab, aber das macht überhaupt nichts. Sobald Sie zu dem schwammigen Inneren kommen, werfen Sie dieses weg. Von der Petersilie die dicken Stängel entfernen und ebenfalls wegwerfen. Die dünneren Stiele in feine Stücke schneiden und die Blätter grob hacken.

Sellerie und Petersilie in einer großen Schüssel mit den übrigen Zutaten vermischen. Den Salat mit Salz und Pfeffer würzen, eventuell mit etwas mehr Essig abschmecken und dann sofort servieren.

Variante 1: Etwas von diesem Salat auf einen Teller häufen, komplett mit Räucherlachsscheiben bedecken und großzügig schwarzen Pfeffer darüber mahlen.

Variante 2: Braten Sie ein knuspriges Hähnchen und servieren Sie es kalt mit diesem Salat.

4 PORTIONEN
1 Knollensellerie, geschält
1 Bund glatte Petersilie
4 Sardellenfilets, fein gehackt
2 gehäufte EL Kapern, fein gehackt
2 gehäufte EL fein gehackte süßsauer eingelegte Gürkchen (z. B. Honiggurken)
5 EL Crème fraîche
1 gehäufter EL Dijon-Senf
3 EL bestes Olivenöl
2-3 EL Sherry-, Rot- oder Weißweinessig
Meersalz und frisch gemahlener schwarzer Pfeffer

Feldsalat mit Litschis, Kalmar und süßer Chilisauce

Ich liebe Früchte in Salaten und schon immer wollte ich etwas mit Litschis zubereiten, weil sie so frisch und aromatisch schmecken. Jedenfalls dachte ich, da sie aus Asien kommen, dass sie in Kombination mit Tintenfisch und Chilisauce, einem Gericht meines Kumpels John Torode, einen fantastischen Salat ergeben müssten. Danke, John, für die Idee! Falls Sie keine Zeit haben, die Chilisauce selber zu machen, können Sie sie als »chilli jam« fertig im Asia-Laden kaufen. Dort bekommen Sie übrigens auch die anderen exotischeren Zutaten für dieses Rezept. Alternativ braten Sie die Kalmare einfach mit Limettenschale und etwas frischem Chili im Wok. Und statt frischer Litschis können sie auch solche aus der Dose nehmen – so macht es meine Mum.

Die Chilisauce wird als Erstes zubereitet. Sämtliche Zutaten dafür außer dem Zucker und der Fischsauce in der Küchenmaschine grob verarbeiten. Die Mischung in einen Wok oder eine Pfanne füllen und etwa 20 Minuten sanft köcheln lassen, dabei regelmäßig rühren. Zurück in die Küchenmaschine füllen und zu einer glatten Masse verarbeiten. Jetzt kommt die Mischung, diesmal zusammen mit dem Zucker, wieder in den Wok, wo sie nochmals ½ Stunde leise köcheln muss. Dabei regelmäßig umrühren, damit nichts ansetzt. Zuletzt mit Fischsauce abschmecken. Die Sauce abkühlen lassen und bis zur Verwendung in den Kühlschrank stellen. Dort hält sie sich einige Wochen. Für Wokgerichte jeder Art und Salate ist sie fantastisch.

Die Kalmare lassen Sie möglichst gleich vom Fischhändler vorbereiten. Bitten Sie ihn, sie auf der Innenseite in gleichmäßigen Abständen kreuzweise einzuritzen. Ansonsten erledigen Sie das jetzt selbst und schneiden anschließend noch die Limettenschale in feine Streifen. Den Wok oder eine Pfanne kräftig erhitzen und 1 Schuss Olivenöl hineingießen. Die Kalmare salzen und pfeffern, in den Wok legen und mit der Limettenschale bestreuen. Den Wok kräftig rütteln und die Kalmare etwa 2 Minuten braten – so lange brauchen sie in der Regel zum Garen, wobei sich die Ränder aufrollen. Den Wok vom Herd nehmen. Die Kalmare in Streifen schneiden, mit der Chilisauce zurück in den Wok geben und rühren, bis sie gleichmäßig mit der Sauce überzogen sind. Den Limettensaft und 4 EL Olivenöl untermischen.

Den Feldsalat und die Litschis auf einer Salatplatte mit etwas Olivenöl beträufeln. Die Kalmare darauf anrichten, das Ganze mit den gehackten Chilis bestreuen und zum Schluss noch etwas Fond aus dem Wok darüber träufeln.

4 PORTIONEN

4 mittelgroße Kalmare, küchenfertig vorbereitet

Schale und Saft von 2 unbehandelten Limetten

bestes Olivenöl

Meersalz und frisch gemahlener schwarzer Pfeffer

4 Hand voll Feldsalat

450 g Litschis, von Schale und Kern befreit

2 frische Chilischoten, fein gehackt

Für die süße Chilisauce

4 frische rote Chilischoten

1 rote Zwiebel, geschält und halbiert

10 Knoblauchzehen, geschält

100 g frischer Ingwer, geschält

2 Hand voll frisches Koriandergrün

2 Stängel Zitronengras, geschält und grob gehackt

1 EL getrocknete Garnelen

150 ml Sonnenblumenöl

40 g Palmzucker

Fischsauce (aus dem Asia-Laden) zum Abschmecken

Warmer Garnelen-Zucchini-Salat

Die knackigen Baby-Zucchini sind heute relativ leicht zu finden. Mit der Süße der gebratenen Garnelen und den Aromen von Limette und Ingwer vertragen sie sich optimal.

Die Garnelen am Rücken mit einem scharfen Messer einschneiden und den dunklen Darm entfernen. So sehen sie nicht nur appetitlicher aus, sondern nehmen auch die Aromen besser auf. Einen Wok kräftig erhitzen. Währenddessen die Zucchini schräg in sehr feine Scheiben schneiden, in eine Schüssel füllen und auch die übrigen Zutaten bereitstellen – das ist bei solchen pfannengerührten Gerichten ein absolutes Muss. Das Öl in den heißen Wok gießen und die Garnelen mit der Limettenschale und dem Ingwer etwa 2 Minuten unter ständigem Rühren hellbraun braten. Vom Herd nehmen und nach 30 Sekunden die Zucchini, den Limettensaft, die Chilis und die Kräuter untermischen. Die Chilimenge können Sie, ganz nach Ihrem Geschmack, auch erhöhen oder verringern. Ich mag es gern scharf! Den Salat mit Sojasauce abschmecken, gut durchmischen, auf einer Platte anrichten und sofort servieren, solange die Zucchini noch schön knackig sind.

4 PORTIONEN

20 mittlere bis große Garnelen, geschält

10 Baby-Zucchini

6 EL Sonnenblumen- oder Nussöl

abgeriebene Schale und Saft von 2 unbehandelten Limetten

1 gehäufter EL frisch geriebener Ingwer

2 frische rote Chilischoten, Samen entfernt, fein gehackt

1 kleine Hand voll frisches Koriandergrün und Minze, gemischt

2 EL Sojasauce

'Hi, Meister!
Was gibt's heute frisch???'

Warmer Kürbissalat mit Parmaschinken und Pecorino

Parmaschinken, Rucola und Parmesan kombiniert und beträufelt mit etwas Balsamico-Essig sind ja nichts Neues. Dieser Salat enthält aber als Überraschung zusätzlich warmen gebackenen Kürbis und statt Parmesan den etwas weicheren Pecorino. Ein echter Gaumenkitzel mit leicht edlem Touch.

Den Backofen auf 190 °C vorheizen. Den Kürbis vorsichtig längs halbieren, sodass die Kerne nicht zerschnitten werden. Die Endstücke abschneiden und wegwerfen. Beide Hälften nochmals halbieren, die Stücke in einen Bräter legen und mit etwas Olivenöl einreiben. Die Chilischote und die Koriandersamen mit jeweils 1 gestrichenen TL Salz und Pfeffer im Mörser zerstoßen. Den Kürbis mit der Gewürzmischung bestreuen und ½ Stunde im Ofen backen, bis er weich und goldgelb gebräunt ist. Etwas abkühlen lassen.

Vier Teller mit dem Schinken auslegen – die Scheiben dürfen ruhig über den Rand hängen, vor allem sollen sie sich unregelmäßig wellen, sodass das Ganze nicht zu ordentlich aussieht. Die Kürbiskerne entfernen und beiseite legen. Den warmen Kürbis in Stücke reißen und diese in und um die Schinkenmulden verteilen. Die Kürbiskerne und den Rucola darüber geben. Das Ganze mit dem Olivenöl und dem Balsamico-Essig beträufeln, mit wenig Salz und Pfeffer bestreuen und zuletzt noch mit Pecorino-Spänen garnieren (siehe Seite 31). Echt easy!

4 PORTIONEN
1 Butternusskürbis
Olivenöl
1 kleine getrocknete rote Chilischote
1 gehäufter TL Koriandersamen
Meersalz und frisch gemahlener schwarzer Pfeffer
20 Scheiben Parmaschinken
4 Hand voll Rucola
6 EL bestes Olivenöl
4 EL Balsamico-Essig
1 kleines Stück milder Pecorino (ersatzweise Parmesan)

'Man muss nicht immer in der Küche kochen ... Ich habe schon ein Steak auf dem Motor meines Autos gebraten.'

Französischer Beilagensalat – wie er sein sollte

Viele wissen es: Ich bin der größte Salatfreak der Welt. Als ich in Frankreich gearbeitet habe, gab es überall herrliche, preiswerte Salate. Bei meinem letzten Aufenthalt in Paris aber setzte man mir in den Restaurants immer nur ein paar armselige grüne Blätter mit steinhart gekochten Eiern und faden Tomaten vor. Bestimmt hatte ich einfach nur Pech, trotzdem musste ich unweigerlich an die guten Salate mit genialem French Dressing ohne jeden Zuckerzusatz zurückdenken, die ich früher dort bekommen habe. Einmal habe ich sogar gesehen, wie ein Koch rohes Eiweiß verwendete, um ein French Dressing zu binden – eigentlich ein Kündigungsgrund.

Die Schalotten in feine Scheiben schneiden. In einer kleinen Schüssel mit Essig bedecken und etwa 10-15 Minuten ziehen lassen. Vom Frisée die äußeren dunkelgrünen Blätter abtrennen und wegwerfen (sie schmecken bitter). Die hellgelben Blätter am Ansatz abschneiden. Mit dem Schnittlauch und dem Kerbel in eiskaltem Wasser waschen, trockenschleudern und in eine große Salatschüssel füllen. Die grünen Bohnen in sprudelndem Salzwasser gar kochen, abgießen, abkühlen lassen und ebenfalls in die Schüssel geben – eiskalt mag ich Bohnen nicht besonders gern, aber warm oder raumtemperiert schmecken sie in diesem Salat umwerfend. Welke Romana-Blätter entfernen. Die Köpfe längs in 8 Stücke schneiden, eventuell waschen (meist sind die geschützten inneren Blätter jedoch ohnehin sauber) und in die Schüssel geben.

Für das Dressing die Schalotten aus dem Essig nehmen und über den Salat streuen. In einer kleinen Schüssel 4 EL des Essigs mit dem Senf, Knoblauch und 1 kleinen Prise Salz vermischen. Das Öl mit einem Schneebesen gründlich unterrühren. Den Salat mit dem Dressing beträufeln, gut durchmischen und in einzelnen Schalen anrichten. Sofort servieren.

4 PORTIONEN

2 große längliche oder 6 normale Schalotten, geschält

Weißweinessig

1 großer Kopf Frisée-Salat

1 Bund Schnittlauch

1 Hand voll frischer Kerbel, die Blätter abgezupft

2 Hand voll junge Buschbohnen

2 Köpfe Romana-Salat (nur die Herzen verwenden)

Für das ultimative French Dressing

1 EL Dijon-Senf

1-2 Knoblauchzehen, geschält und fein gehackt

9 EL bestes Olivenöl

Meersalz und frisch gemahlener schwarzer Pfeffer

Frischer asiatischer Nudelsalat

Diesen Salat müssen Sie einfach ausprobieren! Er ist so pikant und frisch, dass man glatt süchtig danach werden könnte.

Die Nudeln in eine Schüssel mit warmem Wasser legen und weich werden lassen. Abseihen und wieder in die Schüssel füllen.

Einen Wok kräftig erhitzen. Das Öl in den Wok gießen und das Hackfleisch mit dem Fünf-Gewürze-Pulver knusprig und braun braten. Dabei ständig rühren, bis das Hackfleisch krümelig zerfällt. Dann kommen der Knoblauch, der Ingwer, die Garnelen und der Zucker dazu und alles wird weitere 4 Minuten ständig gerührt. Den Wok vom Herd nehmen und den Inhalt unter die Nudeln mischen. Die Frühlingszwiebeln, den Limettensaft, die Fischsauce, die Chilis, das Koriandergrün, die Minze und die Erdnüsse – alles kommt in die Schüssel und wird ebenfalls gründlich untergemischt. Den Salat abschmecken – der Limettensaft sollte schon deutlich hervorstechen – und nach Belieben mit ganzen Koriander- und Minzeblättern garnieren. Kalt servieren.

Varianten: Braten Sie zur Abwechslung ein paar Kalmare oder andere Meeresfrüchte im Wok und probieren Sie das Rezept auch mit Hackfleisch vom Schwein aus.

4 PORTIONEN

300 g Glasnudeln (runde oder auch bandartige)

5 EL Olivenöl

200 g Hackfleisch vom Rind

2 TL Fünf-Gewürze-Pulver

2 Knoblauchzehen, geschält und gerieben

2 gehäufte TL frisch geriebener Ingwer

100 g gekochte und geschälte Garnelen

3 TL Zucker

1 Bund Frühlingszwiebeln, in feine Scheiben geschnitten

3 EL frisch gepresster Limettensaft

1 EL Fischsauce (aus dem Asia-Laden)

2 frische rote Chilischoten, Samen entfernt, in feine Ringe geschnitten

1 Hand voll frisches Koriandergrün, gehackt

1 Hand voll frische Minze, gehackt

2 Hand voll geröstete Erdnüsse

Meersalz und frisch gemahlener schwarzer Pfeffer

GAREN OHNE HITZE

In der mexikanischen und japanischen Küche werden seit jeher saure Marinaden verwendet, um Fisch zuzubereiten. Auf meiner letzten Amerikareise staunte ich nicht schlecht über die »Ceviches«, die mir bei verschiedenen Gelegenheiten dort begegneten. Zwar wird die Zubereitung unterschiedlich gehandhabt, aber immer wird die Säure von Zitrusfrüchten oder Essig genutzt, um Fleisch oder Fisch teilweise zu garen. Dies erfolgt manchmal erst in der letzten Minute, etwa wenn man Räucherlachs mit Zitronensaft beträufelt, wodurch er seinen glasigen Schimmer leicht verliert. Ich habe es aber auch schon erlebt, dass Ente einige Tage im Saft von Zitrusfrüchten mariniert wurde, was denselben Effekt hatte, als wäre sie langsam gebraten worden. Noch faszinierender finde ich, wie Ingwer, Limette und ähnlich fantastische Zutaten in der Thai-Küche eingesetzt werden, um Fische zu beizen. Die Hauptsache dabei ist, dass der Fisch wirklich frisch ist, dann kommen die Ideen fast von selbst. Lassen Sie sich keine Ladenhüter andrehen! Einige Tipps für den Einkauf finden Sie auf Seite 14.

Mit Granatapfel, Limettensaft und Tequila marinierte Makrele auf frischem Fenchel

Es ist wirklich ungewöhnlich, Fisch so zu »kochen« und zu servieren! Wenn Sie an reizvollen Rezepten interessiert sind, ist das hier genau das richtige für Sie! Natürlich kann das Ergebnis nur so gut sein wie das Ausgangsprodukt. Kaufen Sie also die schönste, frischeste Makrele, die Sie finden können, und bringen Sie Ihre Freunde bei einem Abendessen ins Schwärmen.

Es reicht, wenn Sie mit der Zubereitung am Morgen Ihrer Einladung beginnen. In einem Topf den Essig mit 1 gehäuften TL Salz lauwarm erhitzen und anschließend vom Herd nehmen. Die beiden Makrelenfilets in einer Form, in die sie gerade so hineinpassen, mit dem Essig bedecken und etwa 7 Stunden marinieren, danach abgießen, in der Form beiseite stellen und das Dressing zubereiten. Hierzu zwei der Granatäpfel entsaften: die Früchte halbieren, behutsam auf einer Zitruspresse ausdrücken und den Saft durch ein Sieb gießen, damit die bitteren Schalenteile und Trennhäute zurückbleiben. Ich bin nach dieser Aktion immer von oben bis unten bekleckert und muss mir von Jools jedes Mal eine Standpauke anhören. Am besten tragen Sie also keine hellen Sachen. Den Limettensaft, den Tequila, das Sesamöl und den Ingwer unter den Granatapfelsaft rühren.

Die Fischfilets mit der Hälfte des Dressings begießen und darin wenden, damit beide Seiten der Filets überzogen sind. Etwa ½ Stunde einwirken lassen. Dabei wird der Fisch langsam »kalt gegart« und nimmt einen sensationellen Geschmack an.

Diese Zeit können Sie gut nutzen, um den Fenchel in feine Scheiben zu schneiden und sich den dritten Granatapfel vorzunehmen. Das geht ganz einfach und macht sogar richtig Spaß: Die Frucht über einer Schüssel einfach aufbrechen und die kleinen, saftigen Kerne, die nicht ohnehin von selbst herausfallen, aus den Zwischenhäuten pulen. Den Fenchel auf vier Tellern verteilen. Die Fischfilets aus der Marinade nehmen, abtropfen lassen und trockentupfen. In beliebig dicke Scheiben schneiden und auf dem Fenchel anrichten. Die Granatapfelkerne, das Fenchelgrün und die Limettenschale darüber streuen. Zuletzt träufeln Sie noch etwas von dem restlichen Granatapfel-Tequila-Dressing und ein wenig bestes Olivenöl darüber.

4 PORTIONEN

300 ml Weißweinessig

Meersalz

1 große Makrele (etwa 600 g), ausgenommen, filetiert und sorgfältig entgrätet (siehe Seite 198)

3 reife Granatäpfel

abgeriebene Schale und Saft von 2 unbehandelten Limetten

2 Schuss Tequila

1 TL Sesamöl

1 TL frisch geriebener Ingwer

2 kleine Fenchelknollen, in feine Scheiben geschnitten (das zarte Grün nicht wegwerfen)

bestes Olivenöl

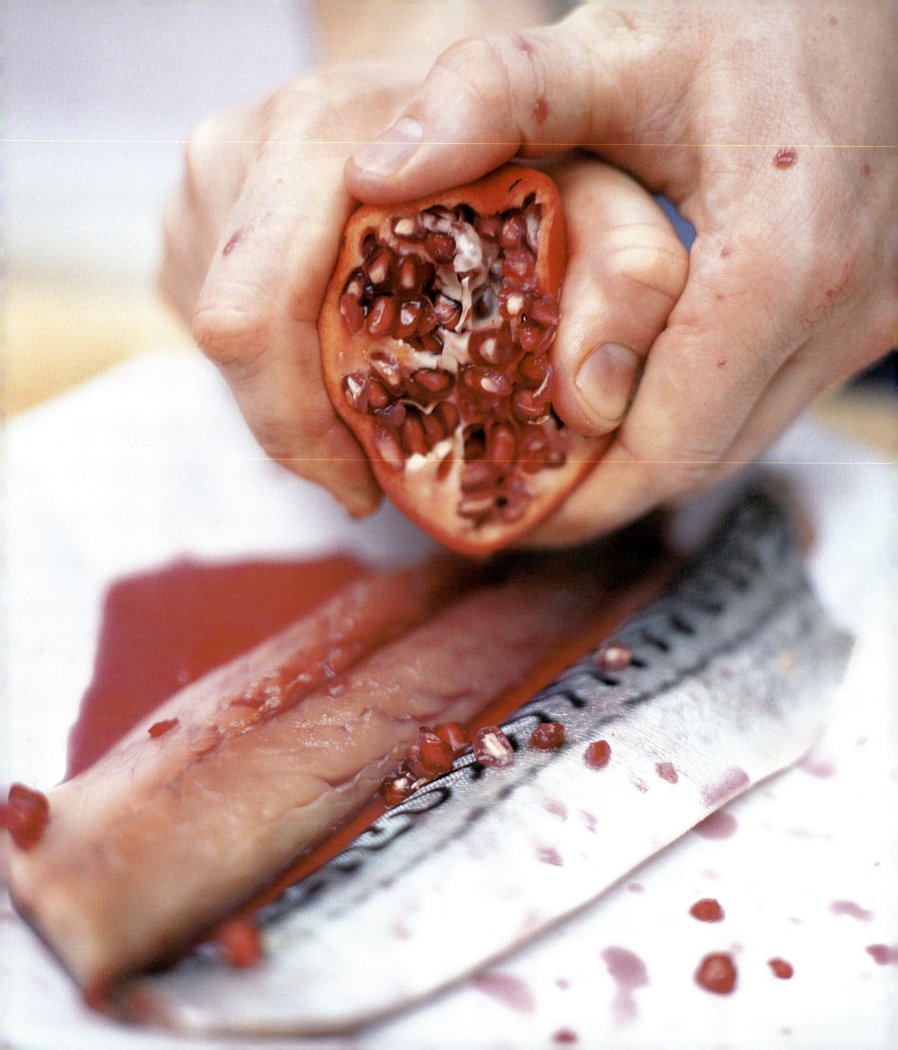

ZITRUSFRÜCHTE FILETIEREN

1. In diesem Fall wird eine Blutorange filetiert, aber die Methode gilt genauso für andere Zitrusfrüchte. Zunächst oben und unten eine Kappe abschneiden.

2. Die Frucht auf eine Schnittfläche stellen und einen Schalenstreifen »bis aufs Fleisch« abschneiden.

3. Auf diese Weise die gesamte Schale entfernen, dabei die Frucht immer ein Stückchen drehen.

4. Mit dem Messer möglichst dicht an den weißen Trennhäuten, die die einzelnen Filets umschließen, einschneiden.

5. Die Klinge drehen und so jedes Filet herauslösen.

'Faszinierend, dass ein bisschen Zitrussaft Fisch weich kriegt.'

Kurz marinierter weißer Fisch mit Blutorange, Zitronengras und Sesam

Das Rezept eignet sich für alle in dünne Scheiben geschnittenen weißfleischigen Fische, zum Beispiel Wolfsbarsch, Glattbutt, Steinbutt oder Heilbutt. Auch Rote Meerbarbe schmeckt super in dieser einfachen Zubereitung, die eine frische Vorspeise zu jedem Essen abgibt. Sie brauchen allerdings absolut frischen Fisch – einige Einkaufstipps stehen auf Seite 14 – und ein richtig scharfes Messer.

Legen Sie das Filet vor sich hin und schneiden Sie es, indem Sie das Messer vom Körper weg bewegen, in so dünne Scheiben wie überhaupt möglich. Um sie noch dünner hinzubekommen, packen Kochprofis die Scheiben anschließend zwischen zwei Lagen Klarsichtfolie und drücken Sie ganz behutsam mit einem flachen Gegenstand. Die Fischscheiben in der Mitte von vier Tellern so verteilen, dass sie sich stellenweise wellen – das sieht nicht so gekünstelt aus und außerdem sammelt sich in den Mulden, die dabei entstehen, schön das Dressing.

Den hellen, unteren Teil der Zitronengrasstängel in sehr feine Scheiben schneiden. Mit dem Blutorangensaft, dem Ingwer, 1 kleinen Prise Salz, dem Olivenöl und dem Limettensaft in einer Schüssel vermischen. Probieren Sie jetzt das Dressing: Es soll zwar eine gute Säure haben, aber wenn der Limettensaft zu sauer durchschmeckt, mildern Sie ihn mit noch etwas mehr Olivenöl – das kann nie schaden!

Die Frühlingszwiebeln schräg in feine Scheiben schneiden und mit den Orangenfilets sowie den Fenchelscheiben vermischen. Das Ganze in der Mitte auf dem Fisch anrichten. Die einzelnen Portionen gleichmäßig bis zum Rand, sodass der ganze Fisch etwas abbekommt, mit dem Dressing beträufeln. Die Limettenschale, das Fenchelgrün und zuletzt die Sesamsamen darüber streuen. Sofort servieren.

4 PORTIONEN

600 g weißfleischiges Fischfilet, sorgfältig entgrätet und enthäutet

2 Stängel Zitronengras, die harten Außenblätter entfernt

4 Blutorangen, davon 2 ausgepresst und 2 filetiert (siehe Seite 53)

1 EL frisch geriebener Ingwer

Meersalz

4 EL bestes Olivenöl

abgeriebene Schale und Saft von 2 unbehandelten Limetten

4 Frühlingszwiebeln

1 Fenchelknolle, halbiert und längs in feine Scheiben geschnitten (das zarte Grün nicht wegwerfen)

4 EL Sesamsamen, im Ofen goldbraun geröstet

'Die Küchen der Welt in einer Stadt vereint – genial!'

Mit Grapefruit marinierter Thunfisch auf knusprigen Nudeln

Thunfisch besitzt ein wunderbar kompaktes Fleisch mit mittlerem Fettgehalt. Das Aroma der Grapefruit in der Marinade bildet dazu den perfekten Kontrast. Das Gericht ist schnell auf dem Tisch und kommt bei Ihren Gästen bestimmt gut an. Die Nudeln sind das Highlight beim Anrichten, können aber auch separat serviert werden.

Die Grapefruits auspressen und den Saft mit der Fischsauce in einen Gefrierbeutel füllen. Den Thunfisch hineinlegen und möglichst viel Luft aus dem Beutel drücken, sodass der Fisch komplett von der Flüssigkeit umschlossen ist. Jetzt muss er etwa 40 Minuten in der Marinade ziehen, wobei die äußere Schicht »gart« und hell wird. Danach die Marinade vorsichtig aus dem Beutel in eine Schüssel gießen. Den Thunfisch trockentupfen und beiseite legen.

Für das Dressing verrühren Sie die Marinade mit dem Sesamöl, 6 EL Olivenöl, den Chilis – nehmen Sie so viel davon, wie Sie an Schärfe vertragen – , Salz und Pfeffer. Eine gute Hand voll Koriander- und Minzeblätter abzupfen und zum Garnieren beiseite legen. Den Rest der Kräuter fein hacken, den Thunfisch darin wenden, bis er gleichmäßig überzogen ist, und die Kräuter anschließend gut andrücken. In Klarsichtfolie wickeln und in den Kühlschrank legen.

Die Nudeln in kochendes Wasser werfen und etwa 1 Minute kochen. Sobald sie etwas geschmeidig sind, abseihen, abdampfen und abkühlen lassen. Etwas Olivenöl in eine erhitzte beschichtete Pfanne gießen. Die Nudeln darin ohne Rühren auf der Unterseite schön knusprig braten. Wenden und von der zweiten Seite genauso braten. Falls dabei ein Teil ansetzt, macht das gar nichts: einfach vom Pfannenboden abkratzen und ebenfalls wenden. Die Nudeln auf vier Teller verteilen. Den Thunfisch in etwa 5 mm dicke Scheiben schneiden (siehe Foto rechts) – in Japan gelten dicke Scheiben als Zeichen von Großzügigkeit; ich mag sie lieber etwas dünner, da kommt der delikate Geschmack besser zur Geltung.

Den Thunfisch auf den Nudeln anrichten. Mit den zurückbehaltenen, grob zerpflückten Kräutern und den Frühlingszwiebeln bestreuen und mit einigen Löffeln Dressing beträufeln. Sobald die Schnittflächen vom Fisch damit in Berührung kommen, verändern sie ihre Farbe und beginnen zu »garen«. Das kann man sehen! Servieren Sie das Gericht daher sofort.

4 PORTIONEN
2 rosa Grapefruits

1 EL Fischsauce (aus dem Asia-Laden)

500 g bester frischer Thunfisch

1 EL Sesamöl

6 EL Olivenöl, und etwas mehr zum Braten

2 oder 3 frische rote Chilischoten, in sehr feine Ringe geschnitten

Meersalz und frisch gemahlener schwarzer Pfeffer

1 großes Bund Koriandergrün

1 kleines Bund Minze

einige große Hand voll Glasnudeln

4 Frühlingszwiebeln, schräg in feine Scheiben geschnitten

Ceviche mit rohen Flusskrebsen, Kaffirlimettenblättern, Chili und Ingwer

So etwas Ähnliches habe ich einmal in einem lateinamerikanischen Restaurant in New York gegessen, das auf spanische und peruanische Küche und besonders auf Ceviches (marinierte Meeresfrüchte) spezialisiert war. Sie können diese Version gut als Kanapee oder als Appetithappen vor der Vorspeise servieren. Einfach mitten auf den Tisch damit, und jeder kann sich selbst bedienen. Mit dieser Überraschung machen Sie Ihren Gästen bestimmt Lust auf mehr! Frische Bananen- und Kaffirlimettenblätter bekommen Sie in größeren Asia-Läden.

Die Limettenblätter mit 1 Prise Salz zerstoßen. Nehmen Sie dafür den Mörser oder auch eine Metallschüssel und einen Holzstampfer. Hauptsache, die Blätter sind richtig aufgefasert und geben ihre Aromastoffe frei. Die Blätter mit den Chilis, dem Ingwer, dem Limettensaft, dem Sesam- und Olivenöl in einen Gefrierbeutel füllen. Vielleicht braucht die Marinade noch etwas Salz – probieren Sie!

Die Krebse oder Krustentiere am Rücken längs aufschneiden und den dünnen, dunklen Darm sowie den Kopf entfernen. So sehen sie nicht nur schöner aus, sondern bekommen gleichzeitig eine größere Oberfläche und werden daher schneller durch die Säure gegart. Ab in den Beutel zu der Marinade und, nachdem Sie die Luft herausgedrückt und den Beutel verschlossen haben, ½ Stunde einlegen.

Jetzt kommen eventuell die Bananenblätter zum Einsatz. Wenn Sie sie über einer Gasflamme leicht rösten, nehmen sie ein sattes Grün an und duften fantastisch. Normalerweise schneide ich die Blätter dann in Streifen, bevor ich sie in die einzelnen Schalen stecke. Jeweils drei der Krebse oder Krustentiere darauf anrichten und mit der Marinade aus dem Beutel beträufeln. So sammelt sich der köstliche Saft zwischen den Blättern, die Sie hinterher genüsslich abschlecken dürfen.

4 PORTIONEN
10 Kaffirlimettenblätter
Salz und frisch gemahlener schwarzer Pfeffer
2 frische rote Chilischoten, Samen entfernt, in feine Ringe geschnitten
2 TL frisch geriebener Ingwer
Saft von 3 Limetten
1 TL Sesamöl
4 EL bestes Olivenöl
12 frische große Flusskrebse, Scampi oder Riesengarnelen
4 Bananenblätter (nach Belieben)

'Köstliche Jakobsmuscheln'

Jakobsmuscheln im Salatblatt

Ein spektakulärer Start für ein Abendessen mit Gästen! Der seidig zarte, delikate Geschmack von Jakobsmuscheln kommt in dieser Kombination besonders zur Geltung.

Alle Zutaten müssen Sie unbedingt fertig vorbereitet haben, bevor sie im letzten Moment zusammengemischt werden, sonst ergibt sich nicht der gewünschte Frischeeffekt. Die Muscheln fein würfeln und in einer Schüssel mit der Mango vermischen. Jetzt die Frühlingszwiebel und das Basilikum, anschließend den Limettensaft, das Olivenöl, Chili und Ingwer untermischen. Das Ganze mit Salz und Pfeffer abschmecken. Ich serviere diese kleine Köstlichkeit am liebsten in knackigen Eissalatblättern. Nehmen Sie die Innenblätter, die schön gewölbt sind – wie kleine Schüsseln.

Varianten: Auch Romana-Salat und Radicchio eignen sich als »Servierschalen«. Sie können die Muscheln auch auf große Löffel häufen, die Sie auf einem Teller mit zerstoßenem Eis anrichten.

4 PORTIONEN

6 große, frische Jakobsmuscheln

½ Mango, fein gewürfelt

1 Frühlingszwiebel, in feine Scheiben geschnitten

1 kleine Hand voll frisches Basilikum, in feine Streifen geschnitten (siehe Seite 114)

Saft von 2 Limetten

3 EL Olivenöl

½ frische Chilischote, fein gehackt

2 TL frisch geriebener Ingwer

Meersalz und schwarzer Pfeffer

1 Kopf Eissalat

Kurz marinierte Rote Meerbarbe mit Limettendressing und frittierten Ingwer- und Schalottenscheiben

Die Rote Meerbarbe ist wie geschaffen für dieses Gericht. Das Erfolgsgeheimnis des Rezepts liegt für mich in dem Kontrast von herrlich zartem Fisch, knusprigem Ingwer und süßen Schalotten. Leichte Küche mit viel Geschmack!

Die Fischfilets auf beiden Seiten leicht salzen und pfeffern und für ½ Stunde in den Kühlschrank stellen, um ihnen überschüssige Feuchtigkeit zu entziehen. Einen kleinen, nicht zu niedrigen Topf 3 cm hoch mit Sonnenblumenöl füllen und kräftig erhitzen. Werfen Sie zum Test eine Ingwerscheibe ins Öl. Wenn sie an die Oberfläche steigt und zischt, hat das Öl genau die richtige Temperatur – etwa 170 °C. Jetzt den gesamten Ingwer in den Topf geben und bei mittlerer Temperatur frittieren, bis er goldbraun und knusprig ist. Mit einem Schaumlöffel herausnehmen und auf Küchenpapier abtropfen lassen. Genauso die Schalotten goldbraun frittieren – das können Sie auch in kleineren Portionen tun, falls Sie noch nicht so sicher damit umgehen können. (Das Öl wird, nachdem es abgekühlt ist, entsorgt.)

Die Kresse auf vier Teller verteilen. Die Fischfilets aus dem Kühlschrank nehmen, trockentupfen und mit einem scharfen Messer quer in dünne Scheiben schneiden. Auf der Kresse anrichten – ruhig etwas unordentlich, damit Bewegung in die Sache kommt. Die Sojasauce mit der Schale und dem Saft der Limetten, den Korianderblättern und dem Olivenöl verrühren. Den Fisch mit der Marinade beträufeln, mit den knusprigen Ingwer- und Schalottenscheiben garnieren und sofort essen.

Variante 1: Um dem Ganzen einen professionellen Look zu geben, setzen Sie vor dem Anrichten einen Pappring von etwa 15 cm Durchmesser auf die Teller, den Sie anschließend wieder wegnehmen. Damit bändigen Sie die Kresse und den Fisch und heraus kommt ein Arrangement wie aus einem Nobelrestaurant.

Variante 2: Falls Sie keine Rote Meerbarbe bekommen, nehmen Sie eben Streifenbarbe, Red Snapper oder einen anderen frischen Fisch, der Ihnen schmeckt.

4 PORTIONEN

400 g Filets von Roter Meerbarbe, küchenfertig vorbereitet und sorgfältig entgrätet (siehe Seite 198)

Meersalz und frisch gemahlener schwarzer Pfeffer

Sonnenblumenöl

2 daumengroße Stücke frischer Ingwer, geschält und in feine Scheiben geschnitten

5 Schalotten, geschält und in feine Scheiben geschnitten

2 Kästchen Kresse, nach dem Abschneiden kurz abgebraust

2 EL Sojasauce

abgeriebene Schale und Saft von 2 unbehandelten Limetten

1 kleine Hand voll frisches Koriandergrün, die Blätter abgezupft

6 EL bestes Olivenöl

Granatapfel-Cocktail mit Gin

Als das Essgeschirr abgeräumt war, kamen Gläser und Gin, beides tiefgekühlt, und dazu ein Tablett mit Granatäpfeln auf den Tisch. So lernte ich diesen Cocktail in einer Bar namens MG Garage in Sydney kennen und beschloss gleich, ihn in meine Trickkiste aufzunehmen. Er ist ideal, um nach dem Essen den Gaumen zu erfrischen und das Gespräch wieder in Gang zu bringen. Kaufen Sie eine Flasche guten Gin - der kostet natürlich was - und stellen Sie sie zusammen mit der benötigten Anzahl Shortdrinkgläser in die Gefriertruhe.

Wenn sich nach dem Essen unter Ihren Gästen eine wohlige Trägheit breit macht, lösen Sie aus ein paar Granatäpfeln die purpurrot schimmernden, saftigen Kerne heraus, füllen sie in die Gläser und gießen alles mit eiskaltem Gin auf. (Nach Belieben kommt noch zerstoßenes Eis dazu.) Der Cocktail wird in einem Rutsch gekippt. Man zerkaut erst einmal die säuerlichen Kerne, woraufhin eine wahre Geschmacksexplosion den Gaumen erschüttert, die der Gin dann zuverlässig löscht. Ein kräftiger Schluck - und die Lebensgeister sind wieder voll da.

'Nach ein paar Drinks
hat jeder das Zeug zum
Barkeeper.'

POCHIEREN UND KOCHEN

POCHIEREN

Pochieren zählt zu den sanften Garmethoden. Die Zutaten garen in ausreichend Flüssigkeit unter dem Siedepunkt, dürfen also nicht kochen. Man spricht deshalb auch von Garziehen. Garflüssigkeiten können sein: einfaches Wasser, eine Court-bouillon – das ist eine mit Weißwein, Pfefferkörnern und verschiedenen Kräutern aromatisierte Gemüsebrühe –, eine andere Brühe und sogar Milch. Besonders gut bekommt diese schonende Behandlung erstklassigen Fleischstücken und edlem Fisch. Pochieren Sie zum Beispiel einmal ein Filetsteak – Sie werden begeistert sein von dem unglaublich zarten, unverfälschten Geschmack.

KOCHEN

Bei dieser Methode garen robustere, unempfindlichere Zutaten in kochender Flüssigkeit, von der sie vollständig bedeckt werden. Dabei kann es sich wie beim Pochieren um Wasser, Court-bouillon, Milch oder eine andere Brühe handeln. Da die kochende Flüssigkeit die Hitze unmittelbar überträgt, wird zum Beispiel Gemüse auf diese Weise besonders schnell gar. Es ist aber genauso schnell verkocht. Passen Sie also auf, dass Sie nicht, wie meine Oma das regelmäßig schafft, am Ende grünes Wasser und graue Bohnen im Topf haben. Soll Fleisch gekocht werden, nimmt man üblicherweise eher zähere Stücke, deren feste Sehnen in der Hitze förmlich schmelzen. Außer wunderbar zartem Fleisch erhalten Sie gleichzeitig eine gehaltvolle, aromatische Brühe.

In Barolo pochiertes Filetsteak mit Selleriepüree

Bis vor einigen Jahren konnte mich die Vorstellung von pochiertem Fleisch nicht gerade begeistern. Außerdem wurde unter Köchen die Ansicht vertreten, dass guter Rotwein als Garflüssigkeit pure Verschwendung sei. Welch ein Irrtum! Außer Barolo eignen sich für dieses Rezept auch viele andere kräftige Rote, etwa würziger Rioja oder australischer Shiraz. Aber Finger weg von Billigprodukten, der Geschmack wird Sie am Ende verraten!

Den Sellerie bis auf das weiße Fruchtfleisch großzügig schälen und in etwa 2 cm große Würfel schneiden. Einen großen Topf halb mit Wasser füllen, salzen und zum Kochen bringen. In einem zweiten Topf, in dem die Filetsteaks eng nebeneinander Platz haben, die Hühnerbrühe und den Wein mit dem Knoblauch, dem Thymianbündel, den Pfefferkörnern und 1 Prise Salz zum Kochen bringen. Danach die Temperatur zurückschalten, sodass die Brühe nur noch leise siedet. Jetzt sollte das Wasser in dem großen Topf kochen. Werfen Sie den Sellerie hinein und kochen Sie ihn zugedeckt in etwa 15-20 Minuten weich.

Die Filetsteaks nebeneinander in die siedende Brühe einlegen - sie müssen komplett bedeckt sein, gießen Sie also eventuell noch etwas Wasser dazu. Mit einem zugeschnittenen Papier (siehe Seite 174) bedecken und den Topf verschließen. Je nachdem, wie Sie das Fleisch wünschen - also blutig, halb oder ganz durch -, braucht es ungefähr 6, 8 oder 10 Minuten. Da die erforderliche Zeit auch davon abhängt, wie dick die Filetsteaks geschnitten sind und wie kalt sie waren, als sie in den Topf kamen, checken Sie sie am besten zwischendrin durch Druck auf die Mitte.

Die fertigen Filetsteaks auf eine vorgewärmte Platte legen und zugedeckt einige Minuten ruhen lassen. Inzwischen den Sellerie abgießen, mit der Hälfte der Butter zurück in den Topf füllen und zu einer weichen Masse pürieren. Mit Salz und Pfeffer abschmecken.

Für eine leichte Sauce brauchen Sie 2 Weingläser der Pochierflüssigkeit (den Rest frieren Sie ein). Einmal kräftig aufkochen lassen, danach den Thymian sowie die Pfefferkörner herausfischen und den jetzt weichen, süß-aromatischen Knoblauch zerdrücken. Alles noch einige Minuten kochen lassen. Vom Herd nehmen, abschmecken und die restliche Butter hinzufügen. Den Topf nur leicht schwenken, bis die Butter geschmolzen ist - so entsteht eine schimmernde, leicht sämige Sauce. Sie darf nicht mehr kochen, sonst fällt sie auseinander. Die Filetsteaks mit etwas Püree und Sauce auf den Tellern anrichten.

4 PORTIONEN
2 Knollensellerie

Meersalz und frisch gemahlener schwarzer Pfeffer

4 Filetsteaks, je 200-225 g (möglichst vom Bio-Metzger), mit feiner Marmorierung

gut 550 ml Hühnerbrühe

1/2 Flasche Barolo oder ein anderer kräftiger Rotwein

6 Knoblauchzehen, nur geschält

1 kleines Bund Thymian

6 ganze Pfefferkörner

100 g Butter

Variante: Für mich hat Selleriepüree einen besonders interessanten Geschmack, deshalb ist es hier mein Favorit. Sie können aber genauso Topinambur, violette Kartoffeln oder ein anderes aromareiches Gemüse pürieren.

Tipp: Der Rest der Pochierflüssigkeit ergibt eine herzhafte Bratensauce, die abgerundet wird mit dem Fond, der vom Fleisch im Bratblech zurückbleibt. Frieren Sie ihn also für den nächsten Braten ein, aber gießen Sie ihn vorher durch ein Sieb.

Ei mit Spargel und Speck auf Toast

Ein starker Snack, auch zum Brunch, und dabei kinderleicht. Er ist nicht nur ziemlich gesund – zumindest fühlt man sich anschließend so –, sondern schlicht genial in der Kombination von zartem Spargel, weichem Ei und knusprigem Speck auf Toast.

Einen Topf, in dem sich der Spargel nicht verbiegen muss, etwa 5 cm hoch mit Wasser füllen und zum Kochen bringen. Die Tomaten halbieren und mit der Schnittfläche nach oben auf ein Backblech setzen. Salzen und pfeffern, mit etwas Öl beträufeln und unter den vorgeheizten Grill schieben. Sobald sie leicht bräunen, den Speck daneben legen und knusprig werden lassen.

Die Eier und den Spargel in das sprudelnde Wasser einlegen, knapp 4 Minuten kochen und anschließend abgießen – dünnere Spargelstangen sollten Sie eventuell schon etwas früher herausfischen. Die Eier kalt abschrecken und schälen, den Spargel in einem tiefen Teller mit der Butter bestreichen, bis sie schmilzt. Inzwischen die Brotscheiben rösten (am besten in einer heißen Grillpfanne) und auf einzelne Teller legen. Damit der Snack schön saftig wird, jede Scheibe mit einer Tomatenhälfte einreiben und diese in das Brot drücken. Darauf kommt der Spargel, dann der Speck und zur Krönung ein Ei. Es muss so sicher liegen, dass es nicht herunterkullert; erst zum Schluss wird es aufgeschnitten, sodass das Eigelb zwischen Speck und Spargel bis hinunter auf das Brot laufen kann. Jetzt noch etwas Olivenöl über das Ganze träufeln und schon kann's losgehen.

Varianten: Verwenden Sie zu Abwechslung einmal Enten- oder Gänseeier, die gelegentlich auf dem Markt zu haben sind. Die Kochzeit je nach Größe anpassen.

4 PORTIONEN

- 2 reife Eiertomaten
- Meersalz und frisch gemahlener schwarzer Pfeffer
- bestes Olivenöl
- 8 Scheiben durchwachsener Frühstücksspeck (Bacon)
- 4 große Bio-Eier
- 400 g grüner Spargel
- 4 dicke Scheiben Landbrot
- 1 EL Butter

Frühlings-Minestrone

Jede Minestrone unterscheidet sich von der anderen, obwohl die meisten auf einem präzise überlieferten Rezept basieren. Ich finde ja, dass eine Minestrone zur Jahreszeit passen sollte. Im Winter mag ich sie eher deftig mit Kohl, im Frühling und Sommer darf sie leichter und bunter ausfallen. Mit Pasta, altem Brot oder Reis als Einlage wird sie zu einer kompletten Mahlzeit. Ich runde diese Frühlingsversion hier mit einem Löffel Pesto ab. Es verbreitet sofort ein hinreißendes Aroma, wenn es in letzter Minute auf die Suppe kommt. Genau so wird es auch in der Gegend um Genua gemacht.

Das Pesto ist kein absolutes Muss; aber wenn Sie es verwenden möchten, müssen Sie es als Erstes zubereiten. Danach bringen Sie in einem Topf die Brühe zum Kochen und bereiten das gesamte Gemüse vor: Den Fenchel halbieren, in Scheiben schneiden und fein hacken. Vom Spargel die holzigen Enden abschneiden und die Stangen in feine Scheiben schneiden – die Köpfe bleiben ganz. Den Blumenkohl in Röschen teilen, die Zucchini längs vierteln und fein hacken. Zuletzt werden die Tomaten enthäutet und in Streifen geschnitten (siehe Seite 110). Jetzt kann's richtig losgehen.

In einem ziemlich weiten, aber nicht sehr hohen Topf 5 EL Olivenöl bei mittlerer Temperatur erhitzen. Den Knoblauch, die Frühlingszwiebeln und den Fenchel in etwa 15 Minuten weich schwitzen, aber nicht bräunen. Das restliche Gemüse, die Spaghetti und die kochende Brühe hinzufügen, zum Kochen bringen und etwa 10 Minuten köcheln lassen. Da alles klein geschnitten ist, ist die Suppe ganz schnell fertig und wird wundervoll leicht und frisch. Die Minestrone mit Salz und Pfeffer abschmecken und in großen Schalen anrichten. Jede Portion mit einem Klecks frischem Pesto und mit den Kräutern garnieren, die Sie inzwischen schnell gehackt haben. 1 Spritzer Olivenöl macht die Sache perfekt.

Varianten: Diese Suppe soll so etwas wie ein Abbild der jeweiligen Saison sein. Wählen Sie aus dem Marktangebot einfach die Gemüsesorten, die Sie mögen, und stellen Sie immer wieder andere Kombinationen zusammen.

Tipp: Wickeln Sie die Spaghetti stramm in ein Küchentuch und ziehen Sie das Bündel kräftig über eine Tischkante – praktischer und schneller kriegen Sie sie nicht klein!

6 PORTIONEN

6 gehäufte EL frisches Pesto (siehe Seite 106)

1,5 l gute Hühner- oder Gemüsebrühe

1 Fenchelknolle

100 g zarter grüner Spargel

1 großer Blumenkohl oder 2 Romanesco (grüner Blumenkohl)

6 Baby-Zucchini

6 Eiertomaten

bestes Olivenöl

2 Knoblauchzehen, geschält und in feine Scheiben geschnitten

1 Bund Frühlingszwiebeln, fein gehackt

100 g grüne Bohnen, klein geschnitten

100 g Wachsbohnen, klein geschnitten

100 g enthülste Erbsen

100 g frische Dicke Bohnenkerne

100 g Spaghetti, in Stücke gebrochen

Meersalz und frisch gemahlener schwarzer Pfeffer

1 kleine Hand voll grünes oder rotes Basilikum

1 kleine Hand voll Schnittlauch

Knoblauchcremesuppe mit Brot und Mandeln

Ganz sicher weiß ich nicht mehr, wie ich auf dieses Rezept kam. Ich glaube aber, ich hatte gerade karamellisierten Knoblauch und Mandeln in den Teig für eine Focaccia eingearbeitet. Meine Mutter meinte gleich, bei so viel Knoblauch würde ich doch wer weiß wie stinken. Wenn man aber Knoblauch in der Schale röstet, wird er zu einem herrlichen Mus, das überhaupt nicht mehr beißend, sondern süßlich schmeckt – einfach göttlich! Zusammen mit den anderen Zutaten gibt er der Suppe ein leicht spanisches Flair. Es ist, als träfen sich alte Freunde zu einer echt guten Fete.

Die Knoblauchzehen bei 180 °C im vorgeheizten Ofen etwa ½ Stunde rösten, bis sie ganz weich sind. Inzwischen in einem großen Topf die Zwiebel in 4 EL Olivenöl in etwa 10 Minuten glasig schwitzen – sie soll ebenfalls ganz weich werden. Die Sahne und die Brühe zugießen, zum Kochen bringen und 10 Minuten köcheln lassen. Jetzt sollte auch der Knoblauch fertig sein und wird aus dem Ofen genommen. Sobald die Zehen etwas abgekühlt sind, drücken Sie das goldgelbe, süßlich duftende Püree bis auf den letzten Rest heraus und rühren es mit einem Schneebesen in die Suppe. Die Schalen wandern in den Abfall.

Das Ciabatta entrinden, in kleine Stücke rupfen und in die Suppe werfen. Den Essig einrühren und die Suppe noch 5 Minuten köcheln lassen. Zusammen mit den gerösteten Mandeln in der Küchenmaschine glatt pürieren. Mit Salz und Pfeffer abschmecken und in große Schalen füllen. Jede Portion mit einigen Orangenfilets garnieren, mit zerpflückten Koriander- und Minzeblättern bestreuen und zuletzt großzügig mit Olivenöl beträufeln.

Variante 1: Im Sommer schmeckt die Suppe auch kalt. Sicherlich ist sie dann etwas dick, aber ich mag das so. Sie können sie aber mit etwas Milch oder Brühe verdünnen.

Variante 2: Etwas mehr Sherryessig gibt der Suppe die leicht pikante Säure, die man vom spanischen Gazpacho kennt.

Variante 3: Bei einem ähnlichen Rezept aus Spanien kommen in Scheiben geschnittene helle Trauben in die Suppe – ein super Kontrast zum Knoblauch! Probieren Sie's, heiß oder kalt. Eine Hand voll Trauben genügt.

6 PORTIONEN

3 dicke Knollen frischer Knoblauch, zerteilt, aber nicht geschält

1 mittelgroße weiße Zwiebel, geschält und fein gehackt

bestes Olivenöl

300 ml Sahne

1 l Hühner- oder Gemüsebrühe

1 großes Ciabatta-Brot

2 EL Sherry- oder Weißweinessig

200 g enthäutete ganze Mandeln, im Ofen leicht geröstet

Meersalz und frisch gemahlener schwarzer Pfeffer

3 Orangen, geschält und filetiert (siehe Seite 53)

1 Hand voll frisches Koriandergrün, die Blätter abgezupft

1 Hand voll frische Minze, die Blätter abgezupft

Erbsensuppe mit geröstetem Speck, Brot und Minze

Von dieser Suppe kann man einfach nicht genug kriegen. Glücklicherweise ist sie im Nu fertig. Das erste Mal habe ich sie im Frühsommer gemacht, als die Erbsen noch ganz zart und süß schmeckten. Das war natürlich klasse, keine Frage. Aber ich finde es fast schade, junge Erbsen zu einer Suppe zu verarbeiten, wo sie doch einfach ein paar Minuten gekocht und ohne viel Beiwerk am besten sind. Ich will ehrlich sein: Beim nächsten Mal habe ich Tiefkühlerbsen genommen, und ich war mit dem Ergebnis hoch zufrieden. Auf die Minze würde ich aber nie verzichten, damit wird die Suppe immer ein Erfolg.

Den Backofen auf 180 °C vorheizen. Das Brot entrinden, in unregelmäßige, nicht zu große Stücke zerpflücken und auf einem Bratblech verteilen. Mit etwas Olivenöl beträufeln, mit einem Teil der Minzeblätter bestreuen, salzen und pfeffern. Die Speckscheiben darüber legen und das Blech für 15-20 Minuten in den Ofen schieben. Unterdessen in einem mittleren bis großen Topf die Butter bei niedriger Temperatur zerlassen und die Frühlingszwiebeln mit der restlichen Minze darin anschwitzen. Wenn sie nach etwa 3 Minuten weich sind, die Temperatur erhöhen, die gefrorenen Erbsen zusammen mit der Hühnerbrühe hinzufügen und zum Kochen bringen. Die Temperatur wieder herunterschalten, die süße Sahne einrühren und die Suppe 15 Minuten köcheln lassen.

Anschließend wird die Suppe ganz fein püriert (vielleicht machen Sie das besser in mehreren kleineren Portionen). Jetzt geht es ans Abschmecken, aber bitte mit Vorsicht: Salzen und pfeffern Sie lieber erst wenig, probieren Sie und würzen dann eventuell noch nach. Inzwischen sollten das Brot und der Speck im Ofen schön knusprig geworden sein. Also rasch die Suppe in einzelne Schalen geben und mit dem Brot, dem zerkrümelten Speck und der Minze bestreuen. Zuletzt noch einen Klecks saurer Sahne auf jede Portion und ein paar Tropfen erstklassiges, leicht pfeffriges Olivenöl darüber - einfach himmlisch!

Variante 1: Schon oft habe ich folgende Kombination mit bestem Ergebnis ausprobiert: Dicke Bohnen, Spinat und Spargel.

Variante 2: Auch als Pastasauce lässt sich die Suppe verwenden: Einfach mit Ricotta gefüllte Tortellini oder Ravioli in zerlassener Butter schwenken, etwas von der Suppe darauf anrichten und zuletzt noch mit dem Brot und dem Speck bestreuen.

4-6 PORTIONEN

½ Kastenweißbrot, schon etwas älter und trockener

bestes Olivenöl

1 große Hand voll frische Minze, die Blätter abgezupft

Meersalz und frisch gemahlener schwarzer Pfeffer

12 dünne Scheiben durchwachsener Frühstücksspeck (Bacon)

2 EL Butter

1 Bund Frühlingszwiebeln, nur das Weiße grob gehackt

500 g Erbsen aus der Tiefkühltruhe

gut 1 l Hühnerbrühe

100 ml süße Sahne

4 TL saure Sahne

Kartoffel-Sellerie-Suppe mit Trüffelöl

Mir ist schon klar, dass es etwas protzig und auch sehr dekadent ist, sich einfach mal so zu Hause Trüffeln zu genehmigen. Aber selbst der Supermarkt in meiner Nachbarschaft führt ja inzwischen Trüffelöl. Zugegeben, mit den echten Pilzen kann es nicht mithalten, aber sein Aroma ist gar nicht zu verachten. Es duftet würzig, auch leicht nach Knoblauch und – wenn man es nicht überdosiert – schlicht betörend. Trüffelöl lässt sich vielseitig verwenden; in einen einfachen Risotto oder unter Tagliatelle gemischt, ist es einfach der Hammer. Wenn es Sie dann überzeugt hat, gönnen Sie sich einmal das schwarze oder – besser noch – das weiße »Original«.

In einem ausreichend großen Topf die Butter und das Olivenöl erhitzen und die Zwiebel darin etwa 5 Minuten anschwitzen. Sie darf auf keinen Fall Farbe annehmen, sondern soll nur weich und glasig werden. Binden Sie den Thymian mit Küchengarn zusammen und geben Sie ihn zusammen mit dem Sellerie, den Kartoffeln und der Brühe in den Topf. Zum Kochen bringen und etwa 40 Minuten köcheln lassen, bis das Gemüse weich ist. Die Sahne einrühren und wieder zum Kochen bringen. Den Thymian herausfischen und die Suppe in der Küchenmaschine oder im Mixer pürieren. Behutsam salzen und pfeffern und mit dem Trüffelöl aromatisieren. Da das Öl je nach Hersteller unterschiedlich stark würzt, geben Sie es besser nicht auf einmal hinein, sondern rühren es lieber esslöffelweise unter und probieren immer wieder. Die Suppe in einzelne Schalen geben und ganz nach Wunsch mit Croûtons bestreuen, einen weiteren Schuss Sahne in die Mitte gießen oder mit etwas fein gehobelter schwarzer oder vielleicht sogar weißer Trüffel garnieren.

Variante: Wenn Sie auf geschmacklichen Nervenkitzel stehen, können Sie die milde Suppe unmittelbar vor dem Servieren mit Petersilie und Selleriegrün bestreuen, die Sie zuvor gehackt und dann mit etwas Olivenöl und Zitronensaft angemacht haben.

4-6 PORTIONEN
1 gehäufter EL Butter

4 EL bestes Olivenöl

1 weiße Zwiebel, geschält und grob gehackt

gut 1 l Hühnerbrühe

1 Bund frischer Thymian

500 g Knollensellerie, geschält und grob gewürfelt

500 g mehlig kochende Kartoffeln, geschält und grob gewürfelt

100 ml Sahne

Meersalz und frisch gemahlener schwarzer Pfeffer

3-4 EL Trüffelöl

'Ein warmes Pastagericht darf man nicht warten lassen!!'

Pasta – selbst gemacht

Selbst gemachten Nudelteig habe ich schon in meinen anderen Büchern vorgestellt. Trotzdem möchte ich Ihnen auch hier wieder einige geniale Anregungen geben.

Hier zunächst mein Grundrezept, aus dem sich alle möglichen Pastaformen herstellen lassen, angefangen bei Lasagne, Pappardelle oder Tagliatelle bis hin zu Ravioli oder Tortellini. Denken Sie, wenn Sie die Anleitung lesen, bloß nicht, dass Sie das nicht schaffen. Glauben Sie mir, ich habe erlebt, wie Zehnjährige es probiert und halbwegs anständige Ravioli zustande gebracht haben. Und es ist mir schon passiert, dass ich hungrig nach Hause kam und fünf Minuten später meine hausgemachte Pasta fertig hatte.

Mit den Mengen nehme ich es nicht ganz so genau. Das schreckt Sie vielleicht weniger ab. Außerdem liefern Eier je nach Größe unterschiedlich viel Feuchtigkeit, und verschiedene Mehlarten nehmen unterschiedlich viel davon auf.

Verwenden Sie kräftiges Mehl – ich empfehle das italienische Tipo '00', das extrafein ausgemahlen ist. Normalerweise mache ich Pasta immer für mindestens 6 Personen, also mit 600 g Mehl und 6 Eiern. Für 4 Personen (wie in den folgenden Rezepten) brauchen sie also 400 g Mehl und 4 Eier. Etwas gehaltvoller und intensiver in der Farbe wird der Teig, indem Sie je 100 g Mehl 1 Ei durch 2 Eigelbe ersetzen. Und wenn Sie ihn etwas kerniger mögen, mischen Sie kräftiges Mehl und Hartweizengrieß zu gleichen Teilen.

1. Das Mehl auf eine Arbeitsfläche oder auch in eine
weite Schüssel häufen.

2. In die Mitte eine Mulde
drücken, die Eier hinein-
schlagen und mit einer
Gabel verrühren.

3. Möglichst viel von dem
umgebenden Mehl einrühren,
bis ein nicht zu klebriger, dick-
flüssiger Teig entsteht.

4. Jetzt mehlen Sie Ihre
Hände ein und beginnen
zu kneten.

5. Kneten und walken Sie, was das Zeug hält!
Toben Sie sich richtig aus!

6. Wenn der Teig schön glatt, glänzend und
elastisch ist, wickeln Sie ihn in Klarsichtfolie
und lassen ihn etwa 1/2 Stunde ruhen.
Inzwischen bereiten Sie die Füllung zu.

DEN TEIG MIT DER NUDELMASCHINE AUSROLLEN

Klasse, was man aus einem Teigblatt so alles machen kann. Aber dafür muss man natürlich erst mal eins haben. Also, jetzt sind Sie wieder dran!

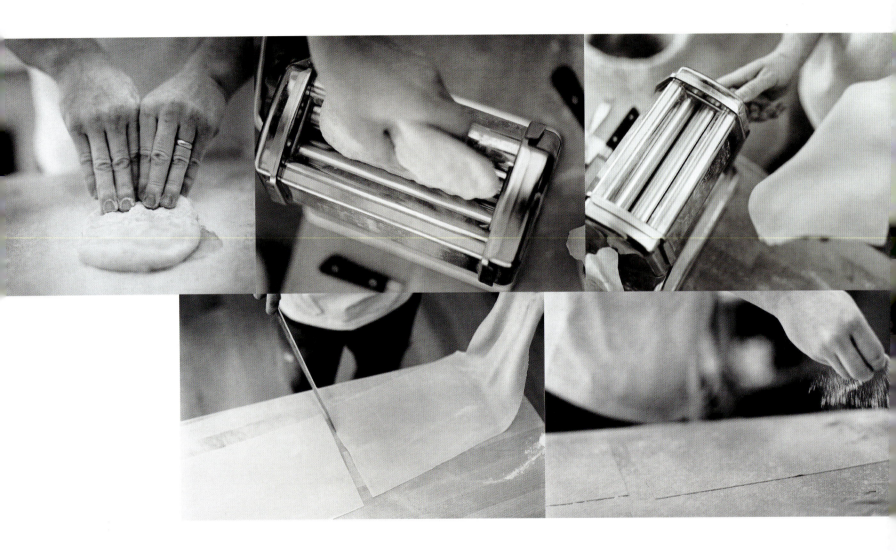

1. Teilen Sie den Teig in zwei Portionen. Die eine kommt, in Folie eingewickelt, in den Kühlschrank, die andere drücken Sie mit den Händen flach.

2. Die Walzen der Nudelmaschine auf den größten Abstand einstellen. Den Teig durchdrehen, einmal zusammenfalten und diesen Vorgang mehrmals wiederholen.

3. Ist das Teigblatt schließlich schön glatt und geschmeidig, verringern Sie den Walzenabstand immer weiter, bis er nur noch die Dicke eines Bierdeckels hat.

4. Falls das Teigblatt so lang wird, dass Sie nicht mehr klarkommen, schneiden Sie es einfach in der Mitte durch.

5. Das fertige Teigblatt dünn mit Mehl bestäuben und die zweite Portion aus dem Kühlschrank genauso verarbeiten.

'Es klappt nicht immer auf Anhieb, aber man hat den Dreh schnell raus.'

Ravioli mit Zwiebel-Kartoffel-Füllung und Pinienkernen

Als ich Ende November in der Toskana unterwegs war, um Olivenöl für das Restaurant einzukaufen, bestellte ich in einer Trattoria diese rustikalen Ravioli – die besten, die ich seit langem gegessen hatte. Obwohl sie eigentlich eher zum Winter passen, bin ich jederzeit für sie zu haben.

Den Nudelteig ausrollen, wie auf Seite 88 beschrieben.

Den Backofen auf 200 °C vorheizen. Die Zwiebeln in einen kleinen Bräter setzen. Den Thymian, 12 EL Balsamico-Essig und einige kräftige Spritzer Olivenöl hinzufügen und alles mit einem befeuchteten Pergamentpapier gut abdecken. Die Kartoffeln ungeschält mehrmals einstechen und in einen zweiten Bräter legen. Schieben Sie beide Formen für etwa 40 Minuten in den Ofen. Die Zwiebeln sollen danach ganz weich sein und süßlich duften; die Kartoffeln sollen durch und durch gar sein und müssen, je nach ihrer Größe, eventuell etwas länger als die Zwiebeln im Ofen bleiben. Beides leicht abkühlen lassen.

Die Kartoffeln über einer Schüssel aus ihren Schalen »herauslöffeln«. Die Zwiebeln fein hacken und zusammen mit dem Saft aus dem Bräter ebenfalls in die Schüssel füllen. 3 EL Butter und den Parmesan hinzufügen. Alles gründlich vermengen und die Füllung mit Salz und Pfeffer abschmecken. Sobald sie etwas abgekühlt ist, mit den Händen walnussgroße Kugeln rollen – Sie können auch mit einem kleinen Löffel die entsprechende Menge abstechen – und die Ravioli damit füllen (auf Seite 92 sehen Sie, wie das gemacht wird).

Die Ravioli in kochendes Salzwasser einlegen und 3-4 Minuten kochen. Gleichzeitig die Pinienkerne in einer großen, beschichteten Pfanne in etwas Olivenöl und der restlichen Butter goldgelb werden lassen. Vom Herd nehmen und mit ein paar Spritzern Balsamico-Essig beträufeln. Die abgeseihten Ravioli darin schwenken, mit ein wenig extra Parmesan bestreuen und servieren.

Tipp: Hausgemachte Ravioli werden nicht besser, wenn sie allzu lange herumliegen. Falls Sie sie schon tagsüber hergestellt, aber erst zum Abendessen eingeplant haben, empfehle ich Ihnen Folgendes: Die Ravioli sofort 1 Minute in siedendem Wasser vorkochen, abgießen und gründlich abschrecken. Danach gut abtropfen lassen und mit etwas Olivenöl vermischen. So lassen sie sich bis zu einem Tag aufbewahren. Vor dem Servieren werden sie dann nochmal 3 Minuten gekocht.

4 PORTIONEN

Pasta – selbst gemacht (siehe Seite 86/87)

2 rote Zwiebeln, geschält und geviertelt

1 kleine Hand voll frischer Thymian, die Blättchen abgezupft

Balsamico-Essig

bestes Olivenöl

etwa 400 g große, vorwiegend fest kochende Kartoffeln, gewaschen

4 gehäufte EL Butter

1 Hand voll frisch geriebener Parmesan, und etwas mehr zum Servieren

Meersalz und frisch gemahlener schwarzer Pfeffer

1 Hand voll Pinienkerne

1. Den Teig in Streifen von 18 x 9 cm schneiden. Dünn mit Wasser bepinseln oder einsprühen.

2. Auf jeden Streifen in die Mitte der einen Hälfte die Füllung setzen. Die zweite Hälfte darüber klappen.

3. Die beiden Teiglagen rings um die Füllung vorsichtig so zusammendrücken, dass alle Luftblasen entfernt werden.

4. Geben Sie den Ravioli mit einem (gewellten) Teigausstecher eine runde Form ...

5. ... oder schneiden Sie sie mit einem Messer quadratisch zu.

1. Das Teigblatt in rechteckige Stücke von 10 x 6 cm schneiden.

2. In die Mitte die Füllung setzen und den Teig rundum dünn mit Wasser bepinseln.

3. Den Teig längs so aufrollen, dass er die Füllung vollständig einhüllt.

4. Die Teigenden zu beiden Seiten der Füllung kräftig zusammendrücken, damit die Füllung fest eingeschlossen ist.

5. Die Caramelle bis zur Zubereitung auf einem eingemehlten Tablett in den Kühlschrank stellen. Allerdings sollte diese Zeit möglichst kurz sein.

Caramelle mit Ricotta-Minze-Füllung

Sommerlaune steckt in diesem Gericht - und es ist gar nicht so schwer zuzubereiten. Die etwas ungewöhnliche Pastaform verdankt ihren italienischen Namen - »caramella« ist das »Bonbon« - ihrer Ähnlichkeit mit eingewickelten Bonbons.

Während der fertige Nudelteig ruht, bereiten Sie die Füllung zu: Den Ricotta in eine Schüssel füllen. Von der Zitrone die Schale abreiben und zusammen mit der Muskatnuss, der Minze und dem Parmesan unter den Ricotta mischen. (Sie können auch von der Minze und dem Parmesan einen Teil zurückbehalten und erst vor dem Servieren über die Pasta streuen.) Behutsam mit Salz und Pfeffer würzen, damit die Aromen bestens ausbalanciert werden. Die Füllung zuletzt mit einigen Spritzern Zitronensaft geschmeidig rühren. Wenn Sie wollen, dass Parmesan, Minze oder Zitrone stärker herausschmecken, spricht überhaupt nichts dagegen: Erhöhen Sie die Mengen ganz nach Ihrem Geschmack. Aus der Masse formen Sie jetzt kleine Kugeln, wobei als Maß ein Teelöffel dient. Wie Sie den Teig ausrollen, für die Caramelle zuschneiden und diese dann formen, ist in den Bildfolgen auf Seite 88 und 93 gezeigt. Ich rechne pro Portion etwa 4-5 Caramelle. Wenn mehr herauskommen, finden sie aber bestimmt dankbare Abnehmer.

Die Caramelle in kochendes Salzwasser geben und 3-4 Minuten kochen. Abseihen und einen Teil des Kochwassers dabei auffangen. In einer beschichteten Pfanne die Butter zerlassen. Den Saft von ½ Zitrone und einige EL des Kochwassers zufügen. Leicht salzen und pfeffern und die Caramelle kurz darin schwenken. Vielleicht haben Sie ja nicht den gesamten Parmesan und die ganze Minze für die Füllung verwendet. Dann bestreuen Sie jetzt die Pasta damit, bevor Sie sie schnell servieren.

Tipp: Sollten Sie die Caramelle nicht gleich nach dem Formen zubereiten, stellen Sie sie auf einem mit Mehl bestäubten Tablett in den Kühlschrank.

4 PORTIONEN

Pasta - selbst gemacht (siehe Seite 86/87)

350 g krümeliger Ricotta

1 große Zitrone

½ Muskatnuss, frisch gerieben

1 Hand voll Minzeblätter, in feine Streifen geschnitten (siehe Seite 114)

2 Hand voll frisch geriebener Parmesan

Meersalz und frisch gemahlener schwarzer Pfeffer

3 gehäufte EL Butter

'Gennaro zeigte mir diese Pastaform. Ein paar Anläufe brauchte ich schon, bis ich sie drauf hatte.'

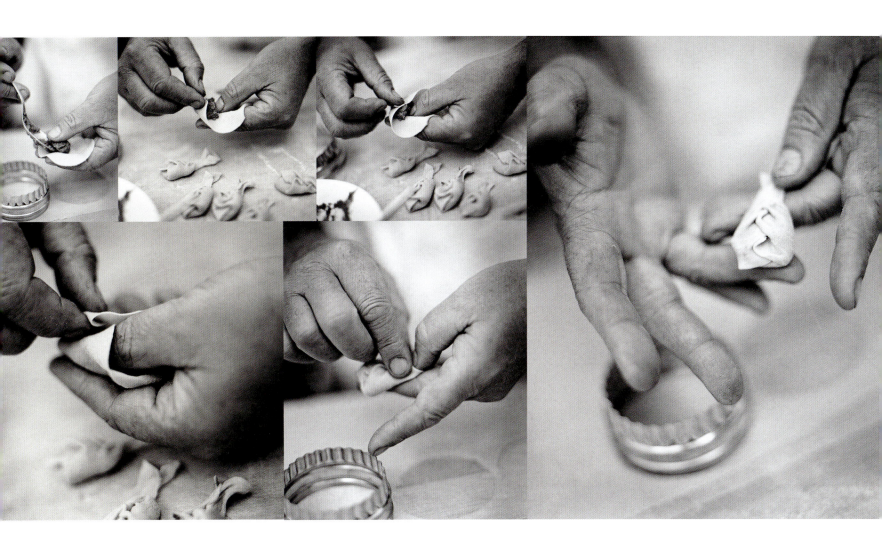

1. Mit einer Ausstech-
form einen Kreis aus-
schneiden und die
Füllung auf eine Seite
an den Rand setzen.

2. Die schmalere Seite des
Teigrands über die Füllung
legen, die Sie mit dem
Daumen der anderen Hand
am Wegrutschen hindern.

3. Jetzt die andere Seite
nach innen falten und gegen
den Daumennagel drücken ...

4. ... immer abwechselnd die rechte und die
linke Seite, bis Sie oben angelangt sind.

5. Den Daumen herausziehen und
das Ende gut zusammendrücken.

6. Raffiniert, oder?

Sardische Culurzones mit Kürbisfüllung und gebackenem Ziegenkäse

Dieses Pastarezept habe ich von meinem Freund Gennaro Contaldo übernommen. Traditionell werden Culurzones mit drei Käsesorten und Minze serviert. Entweder haben sie eine gewöhnliche Ravioli-Form (siehe Seite 92) oder es sind kleine, sinnliche Päckchen wie hier, in deren Falten die geschmolzene Butter und die Käsestückchen viel besser haften.

Während der Nudelteig ruht, den Backofen auf 190 °C vorheizen. Aus den Kürbishälften mit einem Löffel die Kerne herausholen und beiseite legen, das Fruchtfleisch in eine Schüssel reiben (sehr fein!). Die Koriandersamen und die Chilischote im Mörser zerstoßen – falls Sie keinen Mörser besitzen, können Sie das auch in einer Metallschüssel mit einem Holzstampfer erledigen. Den Kürbis mit diesen Gewürzen, dem Rosmarin und 3 EL Olivenöl vermengen. Auf einem Backblech verstreichen und etwa ½ Stunde backen – er sieht jetzt wie ausgetrocknet aus, duftet aber ungeheuer intensiv und süßlich.

Den Ziegenkäse mit etwas Olivenöl einreiben. Die Kürbiskerne grob hacken und in einem tiefen Teller mit dem Oregano vermischen. Den Käse darin wälzen und gut andrücken, in eine ofenfeste Form legen und in etwa 20 Minuten goldgelb backen. Dabei entwickelt er einen fantastischen Geschmack und wird ganz krümelig.

Nachdem die Kürbismischung etwas abgekühlt ist, wird sie noch kräftig mit Salz und Pfeffer gewürzt, und schon ist die Füllung fertig. Wie der Nudelteig ausgerollt und die Culurzones geformt werden, ist in den Bildfolgen auf Seite 88 und 97 gezeigt.

Die fertigen Culurzones in kochendes Salzwasser legen und kochen, bis sie nach 3–4 Minuten an die Oberfläche steigen. Die Butter in einer beschichteten Pfanne zerlassen. Sobald sie aufschäumt, die Culurzones kurz darin schwenken und sofort auf einzelnen Tellern anrichten. Mit etwas Parmesan, den Basilikumstreifen und dem zerkrümelten Ziegenkäse bestreuen.

Varianten: In Italien bekommt man zu diesem Gericht gelegentlich Mostarda di Cremona (kandierte Senffrüchte). Diese Spezialität bildet einen pikanten Kontrast zur Süße des Kürbis. Oder es werden im letzten Moment zerstoßene Cantucci unter die Füllung gemischt. Das sind trockene Mandelkekse, die man sonst zu Kaffee knabbert.

4 PORTIONEN
Pasta – selbst gemacht (siehe Seite 86/87)
1 Butternusskürbis, geschält und halbiert
1 EL Koriandersamen
1 getrocknete rote Chilischote
3 frische Rosmarinzweige, die Blätter abgezupft und grob gehackt
bestes Olivenöl
100 g Ziegenfrischkäse
1 TL getrockneter Oregano
Meersalz und frisch gemahlener schwarzer Pfeffer
3 EL Butter
1 Hand voll frisch geriebener Parmesan
1 kleine Hand voll Basilikumblätter, in Streifen geschnitten (siehe Seite 114)

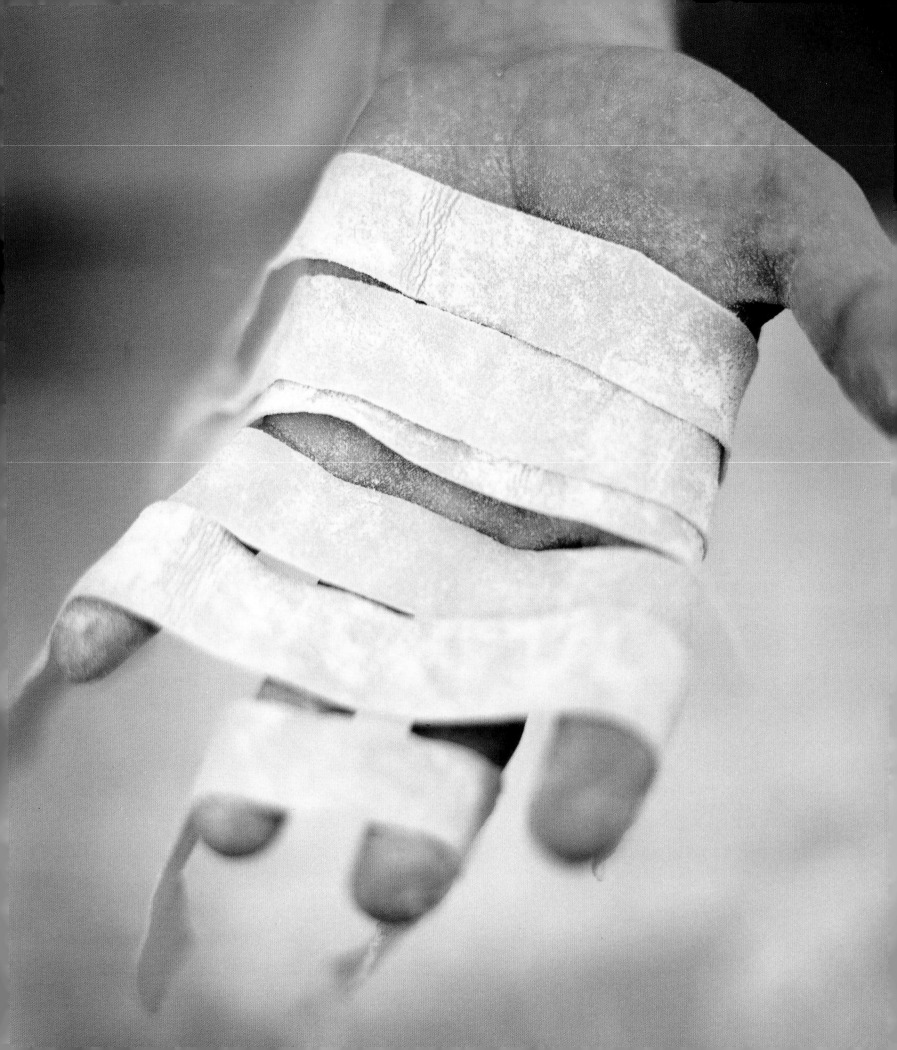

1. Das Teigblatt in 20 cm lange Streifen schneiden. Mit Mehl bestäuben und in der Hälfte zusammenklappen.

2. Noch zweimal wie zuvor zusammenlegen und jedes Mal vorher mit Mehl bestäuben.

3. In Streifen schneiden: Lasagnette 5 cm breit, Pappardelle 2 cm, Tagliatelle 1 cm und Taglierini 5 mm breit.

4. Einige Teigstreifen in die offenen, leicht gefalteten Hände nehmen und auseinander schütteln.

Pappardelle mit Fleisch, das auf der Zunge zergeht

Ob mit Rindfleisch, Reh, Wildschwein, Hase oder sogar Taube zubereitet – dieses Gericht gelingt immer. Wenn in Italien eine achtköpfige Familie davon satt werden soll, erhöht man einfach die Pastamenge und verlängert die Sauce mit Nudelkochwasser.

Rindfleisch, Reh oder Wildschwein in etwa 5 cm große Stücke schneiden, einen Hasen in 5 oder 6 Teile zerlegen, eine Taube im Ganzen verwenden. Etwas Olivenöl in einer Kasserolle erhitzen und das Fleisch ringsum goldbraun anbraten. Die Kräuter, die Zwiebel, den Knoblauch, die Möhre und den Sellerie hinzufügen und bei reduzierter Temperatur 5 Minuten mitbraten. Wenn das Gemüse weich wird, den Rotwein zugießen und weiterköcheln lassen, bis die Flüssigkeit bis auf einen köstlich duftenden, dunklen Rest eingekocht ist.

Die Tomaten, die Graupen und so viel Wasser hinzufügen, dass das Fleisch 1 cm hoch bedeckt ist. Die Kasserolle mit Pergamentpapier verschließen, das Sie zuvor etwas größer als die Kasserolle zugeschnitten (siehe Seite 174), kurz unter den Wasserhahn gehalten und dann noch dünn mit Olivenöl bestrichen haben. Damit anschließend möglichst wenig Feuchtigkeit entweicht, wird außerdem ein Deckel aufgelegt. Das Fleisch auf niedrigster Stufe 2–3 Stunden schmoren – die erforderliche Zeit hängt von der Fleischqualität und dem verwendeten Tier ab. Es ist fertig, wenn es buchstäblich vom Knochen fällt. Das Fleisch leicht salzen und pfeffern und etwas abkühlen lassen. Nehmen Sie es dann aus dem Topf und zerpflücken es mit zwei Gabeln. Knochen, Haut und Sehnen werfen sie weg, das Fleisch wandert zurück in den Topf und wird auf kleiner Stufe warm gehalten.

Die Pappardelle in kochendes Salzwasser geben und kochen – frische Pasta braucht etwa 3 Minuten, getrocknete siehe Packungsanweisung. Die Pappardelle abseihen und dabei sicherheitshalber etwas von dem Kochwasser auffangen. Den Topf mit dem Fleisch vom Herd nehmen, die Butter, den Parmesan und etwas von dem Nudelkochwasser einrühren – das ergibt eine sämige, glänzende Sauce. Die Pasta untermischen und das Gericht sofort servieren.

Variante: Streuen Sie zuletzt noch etwas fein gehackten frischen Rosmarin und zusätzlichen frisch geriebenen Parmesan darüber.

4 PORTIONEN
800 g Fleisch zum Schmoren (siehe oben), gewürzt
bestes Olivenöl
1 Hand voll frischer Rosmarin und Thymian, die Blätter abgezupft und fein gehackt
1 kleine rote Zwiebel, geschält und fein gehackt
4 Knoblauchzehen, geschält und fein gehackt
1 Möhre, geschält und fein gehackt
1 Stangensellerie, fein gehackt
2 Weingläser Chianti
800 g ganze Dosentomaten
2 EL Perlgraupen
Meersalz und frisch gemahlener schwarzer Pfeffer
400 g Pappardelle, nach Belieben getrocknet oder frisch (siehe Seite 101)
100 g Butter
2 Hand voll frisch geriebener Parmesan

Tagliatelle Genovese

Dieses Gericht ist ein Klassiker aus der Gegend um Genua. Obwohl einem die Kombination von Kartoffeln und Nudeln vielleicht etwas seltsam vorkommt, sollte man sie auf jeden Fall probiert haben. Dass ich das traditionelle Rezept hier aufgenommen habe, hat einen ganz besonderen Grund: Vor zwei Jahren brachte ich einem meiner Freunde Schritt für Schritt bei, wie man die Basilikumsauce zubereitet. Wally ist nicht gerade ein Genie am Herd, aber in diesem Fall hatte er genau kapiert, worum es ging. Sein Pesto gelang ihm sensationell gut! Seitdem hat er rasante Fortschritte gemacht und inzwischen gibt es bei ihm gegrilltes Gemüse mit Pesto, Fisch mit Pesto, Brathähnchen mit Pesto ... Ich finde das voll in Ordnung, denn meiner Ansicht nach muss man nicht alles können, um ein guter Koch zu sein. Es reicht, wenn man ein paar Dinge richtig beherrscht.

Zunächst das Pesto zubereiten und in einer großen Schüssel beiseite stellen. Anschließend die Kartoffeln in 1 cm dicke Scheiben schneiden und in einen Topf mit reichlich Salzwasser geben – er sollte so groß sein, dass später auch noch die Pasta und die Bohnen hineinpassen. Die Kartoffeln weich kochen, sie sollen aber gut in Form bleiben. Jetzt kommen die Tagliatelle ins sprudelnde Wasser. Falls Sie frische Pasta verwenden, werfen Sie gleichzeitig die Bohnen mit hinein, da beide in etwa 3 Minuten gar sind; bei getrockneter Pasta fügen Sie die Bohnen logischerweise erst dann hinzu, wenn die Tagliatelle noch 3 Minuten kochen müssen (beachten Sie die auf der Packung angegebene Garzeit). Wenn die Kartoffeln zerfallen oder die Bohnen etwas zu weich geraten, macht das überhaupt nichts. Auch in Genua wird das Gericht manchmal so aufgetischt, was aber dem umwerfenden Geschmack nichts anhaben kann. Eigentlich ist es sogar richtig typisch so!

Die Kartoffel-Pasta-Bohnen-Mischung abseihen – dabei einen Teil des Kochwassers auffangen –, abtropfen lassen und gründlich mit dem Pesto vermischen. Damit sich die Sauce besser verteilt, etwas von dem Kochwasser zufügen, wobei das Ganze jedoch nicht matschig werden darf. Mit Salz und Pfeffer abschmecken und sofort auf den Tisch bringen. Vergessen Sie nicht, Ihren Gästen dazu frisch geriebenen Parmesan und einen spritzigen Weißwein zu servieren.

4 PORTIONEN

1 Rezeptmenge Pesto (siehe Seite 106)

200 g vorwiegend fest kochende Kartoffeln, geschält

400 g Tagliatelle, nach Belieben getrocknet oder frisch (siehe Seite 101)

1 Hand voll zarte grüne oder Wachsbohnen, nur das stumpfe und nicht das spitze Ende abgeschnitten

Meersalz und frisch gemahlener schwarzer Pfeffer

1 Hand voll frisch geriebener Parmesan

Pesto – die berühmte Basilikumsauce

Starre Regeln gibt es für die Herstellung von Pesto eigentlich nicht. Solange es frisch und aus besten Zutaten zubereitet wird, schmeckt es immer super. Damit dies wirklich gelingt, sollten Sie zwischendrin mehrmals probieren und abwechselnd Parmesan und Olivenöl hinzufügen, bis die Konsistenz perfekt ist: Ein Pesto darf nicht vor Öl triefen, soll aber auch nicht zu fest sein.

Den Knoblauch mit 1 kleinen Prise Salz und dem Basilikum im Mörser zerreiben oder alles mit der Küchenmaschine erledigen. Mir reicht gewöhnlich ½ Knoblauchzehe, aber wenn Sie ein großer Knoblauchfreund sind, dürfen Sie die Dosis ruhig erhöhen. Als Nächstes die Pinienkerne zufügen und zerstoßen. Die Masse jetzt in eine Schüssel füllen und behutsam die Hälfte des Parmesans untermischen. Dann so viel Olivenöl einrühren, dass die Sauce gebunden wird und die richtige Konsistenz annimmt: Sie soll schön geschmeidig, aber nicht zu flüssig sein.

Das Pesto mit Salz und Pfeffer abschmecken. Einen Teil des restlichen Käses untermischen, noch etwas Öl dazugießen und erneut probieren. Fügen Sie immer wieder etwas Käse und/oder Öl hinzu, bis alles wirklich stimmt. Vielleicht verträgt die Sauce zuletzt noch 1 Spritzer Zitronensaft, aber das ist Geschmackssache.

4 PORTIONEN
½ Knoblauchzehe, geschält und gehackt

3 gute Hand voll frisches Basilikum, die Blätter abgezupft und gehackt

1 Hand voll Pinienkerne, ganz leicht geröstet

1 gute Hand voll frisch geriebener Parmesan

bestes Olivenöl

Meersalz und frisch gemahlener schwarzer Pfeffer

1 Spritzer Zitronensaft (nach Belieben)

Taglierini mit Tomatensauce und Garnelen

Taglierini sind, genau wie Fettuccine, schmale Eierbandnudeln, die hervorragend zu Butter- und Sahnesaucen passen, aber auch zu einer leichten Tomatensauce. Wenn dann noch kleine Meeresfrüchte ins Spiel kommen, umso besser. Auch Tagliatelle eignen sich für dieses Rezept.

Die Tomaten blanchieren und enthäuten (siehe Seite 110/111), halbieren und klein schneiden.

In einem größeren Topf Salzwasser für die Pasta erhitzen. In einem zweiten Topf 2 oder 3 Schuss Olivenöl mit der Butter erhitzen. Die Garnelen mit dem Knoblauch, der Zitronenschale und den Tomaten einige Minuten darin anschwitzen. Den Weinbrand zugießen und, falls Sie möchten, entzünden. (Die Flammen verlöschen nach etwa 30 Sekunden von selbst, also keine Bange!) Die Sahne einrühren, die Sauce noch einige Minuten sanft köcheln lassen und dann vom Herd nehmen. Mit Salz und Pfeffer und dem Zitronensaft abschmecken.

Die Pasta ins kochende Salzwasser werfen - frische Nudeln brauchen nur 3 Minuten, getrocknete kochen Sie nach der Packungsanweisung. Falls die Sauce inzwischen schon abgekühlt ist, wärmen Sie sie jetzt nochmals auf. Die Pasta in einen Durchschlag abseihen und gleich wieder zurück in den Topf schütten. Mit der Petersilie vermischen und bei Bedarf noch etwas salzen. Auf einzelne Teller verteilen und die Sauce darüber geben. Sieht das gut aus! Also sofort auf den Tisch damit. Und fordern Sie Ihre Gäste auf, Pasta und Sauce ab und zu durchzumischen, damit das Ganze schön saftig bleibt.

Variante 1: Ricotta und Feta harmonieren gut mit den Garnelen. Sie besitzen für dieses Gericht die ideale Konsistenz und runden es auch optisch ab. Krümeln Sie etwas - aber wirklich nur wenig - über die Sauce.

Variante 2: Mischen Sie zuletzt eine Hand voll Spinat unter die Sauce, er fällt in der Hitze ganz schnell zusammen. Geschmacklich und farblich eine Bereicherung!

Variante 3: Mit Dosentomaten lässt sich die Sauce zwar auch zubereiten, sie erhält aber niemals die frische, leichte Note wie mit frischen Tomaten.

4 PORTIONEN

8 Eiertomaten

Meersalz und frisch gemahlener schwarzer Pfeffer

bestes Olivenöl

2 gehäufte EL Butter

300 g geschälte kleine Garnelen

1 Knoblauchzehe, geschält und fein gehackt

abgeriebene Schale und Saft von 1 unbehandelten Zitrone

2 Schuss Vecchia Romana oder Cognac

150 ml Sahne

400 g Taglierini, nach Belieben getrocknet oder frisch (siehe Seite 101)

1 große Hand voll frische Petersilie, grob gehackt

TOMATEN ENTHÄUTEN UND WEITER VORBEREITEN

Mit das Erste, was ich am College lernte, war ein Tomaten-Concassé, für das die Tomaten enthäutet, von den Samen befreit und gehackt werden. Diese Technik ist aber auch angebracht, um von Kirsch- oder Eiertomaten, die geröstet werden sollen, die schwer verdauliche Haut zu entfernen. Auch von Früchten wie Pfirsichen, Pflaumen usw. lässt sich auf diese Weise die Haut abziehen.

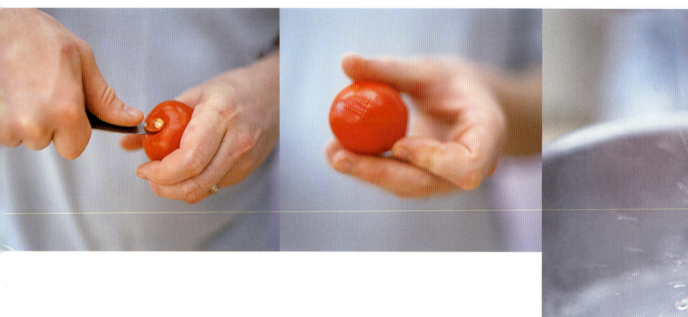

1. Mit einem kleinen Messer den Stielansatz herausschneiden.

2. Die Tomaten am anderen Ende kreuzweise einritzen.

3. Vorsichtig in kochendes Wasser gleiten lassen und blanchieren, bis sich nach etwa 30 Sekunden die Haut löst.

4. Mit einem Schaumlöffel herausheben und kurz in kaltes Wasser legen.

5. Die Haut abziehen.

6. Die Tomaten halbieren ...

7. ... und mit einem kleinen Löffel die
Samen herausholen.

8. Je nach Rezept in Streifen
schneiden, würfeln oder hacken.

'November 2001. Auf Olivenölsuche in Italien und mittags zu Gast bei den sympathischen Cassinis.'

Von links nach rechts: Elisa Cassini, Rinaldo Cassini, Weinexperte David Gleave, Vittorio Cassini, Elina Cassini, ich, Jimmy Doherty, mein bester Freund, Gennaro Contaldo, der italienische Macho, und meine Lektorin, die charmante Lindsey Jordan.

Lasagnette mit Kichererbsen und Parmaschinken in Salbei-Sahne-Sauce

Auf einer Einkaufstour in Italien waren wir mittags bei der Familie Cassini eingeladen. Sohn Vittorio stellt ein fantastisches Olivenöl her, das unter dem Namen Zaffarano vertrieben wird, und sein Bruder Enzo leitet in London ein Restaurant, das ebenfalls Zaffarano heißt. Mutter Elina tischte uns eine Suppe auf, für die sie dicke getrocknete Kichererbsen und Schinken in Brühe gekocht hatte. Ich war so angetan, dass ich dieses Rezept unbedingt zu einem Pastarezept umfunktionieren wollte. Hier ist es nun endlich! Wenn Sie die Lasagnette nicht selbst herstellen möchten, kaufen Sie frische Lasagneblätter, die Sie längs halbieren, oder auch Tagliatelle. Getrocknete Kichererbsen schmecken deutlich besser als die aus der Dose, die es aber notfalls auch tun.

Die Kichererbsen abseihen, abspülen und mit frischem Wasser zum Kochen bringen. Geben Sie gleich auch die Tomate und die Kartoffel dazu – sie wirken als »Weichmacher« und geben dem Ganzen Würze. Alles etwa 40 Minuten köcheln lassen, bis die Kichererbsen weich sind.

In einem Topf mit schwerem Boden 2 oder 3 Schuss Olivenöl erhitzen und darin den Schinken und den Speck auf beiden Seiten goldgelb braten. Die Salbeiblätter einstreuen und rühren, bis sie leicht knusprig sind. Als Nächstes den Lauch, die Butter und den Knoblauch zufügen und mitbraten, bis der Lauch weich ist. Jetzt seihen Sie die Kichererbsen ab und fangen dabei gleichzeitig den Kochsud auf (er kann statt der Hühnerbrühe verwendet werden). Die Tomate und die Kartoffel entfernen. Die Kichererbsen in den Topf füllen und etwa ein Viertel davon zerstampfen, sodass die Sauce eine eine weiche Konsistenz erhält. Die Hühnerbrühe oder die entsprechende Menge des Kichererbsensuds gründlich einrühren. Jetzt noch die Sahne dazugießen, zum Kochen bringen und 15 Minuten köcheln lassen. Abschmecken.

Die Lasagnette in kochendes Salzwasser geben und fast weich kochen. Abseihen, das Kochwasser auffangen und die Pasta vorsichtig mit der Kichererbsensauce – Topf vorher vom Herd nehmen! – und einem Großteil des Parmesans vermischen. Bei Bedarf Nudelkochwasser hinzugeben, die Pasta darf nicht zusammenkleben. Auf Teller verteilen, mit dem restlichen Parmesan bestreuen und mit 1 kräftigen Schuss erstklassigem, pfeffrigem Olivenöl beträufeln.

Variante: Eine Hand voll getrocknete Steinpilze einweichen, abseihen und mit Lauch und Knoblauch hinzufügen.

4 PORTIONEN

150 g getrocknete Kichererbsen, über Nacht eingeweicht

1 Tomate

1 kleine Kartoffel, geschält

bestes Olivenöl

8 Scheiben Parmaschinken

4 Scheiben durchwachsener Frühstücksspeck (Bacon), in Streifen geschnitten

1 Hand voll frischer Salbei, die Blätter abgezupft

2 Lauchstangen, geputzt, gewaschen und in feine Scheiben geschnitten

100 g Butter

1 Knoblauchzehe, geschält und fein gehackt

300 ml Hühnerbrühe

100 ml Sahne

Meersalz und frisch gemahlener schwarzer Pfeffer

400 g Lasagnette (siehe Seite 101)

1 gute Hand voll frisch geriebener Parmesan

BLÄTTER IN STREIFEN SCHNEIDEN

Normalerweise zerrupfe ich frische Kräuter, weil sie dann mehr Aroma abgeben. Aber für manche Rezepte müssen die Blätter von Kräutern oder zum Beispiel auch von Spinat in feine Streifen geschnitten werden. In Frankreich und im Küchenprofi-Jargon heißen solche Streifen »Chiffonade«.

1. Mehrere Blätter schön gleichmäßig aufeinander legen.

2. Wie eine Zigarre aufrollen und mit den Fingern zusammenhalten.

3. Die Rolle in Streifen schneiden. Passen Sie dabei auf Ihre Finger auf!

4. Ganz wichtig: Zerkleinern Sie Kräuter immer erst im letzten Augenblick. Sonst welken die Blätter und verfärben sich dunkel.

Gnocchi – super einfach, super leicht und vielseitig

Wahrscheinlich gibt es kaum eine Gnocchi-Art, ob aus Kartoffeln oder aus Hartweizengrieß, die ich nicht schon ausprobiert habe. Nachdem jetzt aber Leichtigkeit angesagt ist, hier ein Rezept, das mühelos gelingt.

Ricotta, Parmesan, Basilikum und Zitronenschale verrühren, mit Salz, Pfeffer und Muskatnuss abschmecken. Den Hartweizengrieß bis auf einen kleineren Rest etwa 1 cm hoch auf einem Tablett verteilen. Einen Dessertlöffel voll von der Ricottamasse abstechen, in einen zweiten Löffel abstreifen und dieses Spielchen mehrmals wiederholen, bis ein halbwegs gleichmäßig geformter Mini-Kloß entsteht – absolute Perfektion ist wirklich nicht nötig. Die fertigen Gnocchi mit etwas Abstand auf das Grießbett legen und, sobald der gesamte Teig verarbeitet ist, mit dem restlichen Grieß bestreuen. Etwa 2 Stunden ruhen lassen, danach umdrehen und in weiteren 2 Stunden im Kühlschrank fest werden lassen. Dabei »klebt« der Grieß an der Ricottamasse an und schützt sie beim Garen.

In einem großen Topf Wasser zum Kochen bringen, leicht salzen und die Gnocchi hineingleiten lassen. Sie sind gar, wenn sie nach etwa 2 Minuten nach oben steigen. Einfach ein bisschen in Butter schwenken und mit etwas extra Parmesan und Basilikum bestreuen – das war's!

4 PORTIONEN

500 g Ricotta, möglichst aus Schafmilch

2 Hand voll frisch geriebener Parmesan

1 Hand voll frische Basilikumblätter, in feine Streifen geschnitten (siehe Seite 114)

abgeriebene Schale von 1 unbehandelten Zitrone

Meersalz und frisch gemahlener schwarzer Pfeffer

frisch geriebene Muskatnuss

1,5 kg feiner Hartweizengrieß

Gnocchi mit frischer Tomaten-Morchel-Sauce

Getrocknete Morcheln bilden mit ihrer leichten Räuchernote einen wundervollen Kontrast zu frischem Ricotta. Ersetzen Sie nach Belieben einen Teil durch preiswertere Pilze.

Sobald die Gnocchi in ihrem Grießbett ausreichend fest geworden sind, bedecken Sie die Morcheln knapp mit kochendem Wasser, lassen sie 15 Minuten einweichen und seihen sie dann ab. Eine Pfanne erhitzen, das Olivenöl hineingießen und den Knoblauch weich schwitzen. Die Pilze und Tomaten in dem Knoblauchöl 5 Minuten köcheln lassen, dabei möglichst einige der Pilze zerteilen. Währenddessen garen Sie die Gnocchi 2 Minuten in kochendem Salzwasser. Die Sauce mit Salz, Pfeffer, Basilikum und Parmesan abschmecken und die Butter einrühren. Die Gnocchi mit einem Schaumlöffel aus dem Wasser heben und behutsam unter die Tomaten-Morchel-Sauce mischen. Auf Teller verteilen und jede Portion noch mit etwas frisch geriebenem Parmesan bestreuen.

4 PORTIONEN
Gnocchi, zubereitet nach dem Grundrezept (siehe linke Seite)
1 Hand voll getrocknete Morcheln
4 EL Olivenöl
1 Knoblauchzehe, geschält und fein gehackt
8 Eiertomaten, enthäutet und fein gehackt (siehe Seite 110/111)
Meersalz und schwarzer Pfeffer
1 Hand voll frische Basilikumstreifen (siehe Seite 114)
2 Hand voll frisch geriebener Parmesan
1 EL Butter

Risotto – das Grundrezept

Ein Spitzenrezept, mit dem Sie einen Risotto genau so hinbekommen, wie er sein soll: weich, cremig und feucht, nicht pappig und nicht zu schwer.

1. Schritt: Die Brühe zum Kochen bringen. In einem zweiten Topf das Olivenöl mit der Butter erhitzen und die Zwiebel, den Knoblauch und den Sellerie etwa 15 Minuten auf kleiner Stufe anschwitzen, bis sie weich und glasig sind, sie dürfen aber keine Farbe annehmen. Den Reis einstreuen und die Temperatur höher schalten.

2. Schritt: Rühren Sie den Reis ständig durch, während er leicht brät und nach 1 Minute ein etwas glasiges Aussehen annimmt. Genau dann den Wermut oder Wein zugießen und weiterrühren, bis sich die kräftige Alkoholwolke verzogen hat. An dem fantastischen Duft, der jetzt aus dem Topf steigt, kann man sich fast berauschen! Der Reis nimmt das Aroma vollständig auf.

3. Schritt: Sobald der gesamte Wermut oder Wein in den Reis eingekocht ist, geben Sie eine Schöpfkelle heiße Brühe und 1 kräftige Prise Salz dazu. Die Temperatur so weit verringern, dass das Ganze nur leise blubbert. Denn wenn es zu stark kocht, sind die Reiskörner zwar außen schnell weich, im Kern aber noch roh. Gießen Sie nun schöpfkellenweise weitere Brühe dazu, wobei Sie allerdings immer erst warten, bis der Reis die letzte Portion aufgesogen hat, und rühren sie unablässig – dadurch »massieren« Sie gewissermaßen die cremige Stärke aus dem Reis. Probieren Sie nach etwa 15 Minuten. Ist der Reis gar? Die Körner sollen weich sein, aber noch etwas Biss haben. Eventuell müssen Sie noch weitere Brühe dazugießen. Sollte diese inzwischen ausgegangen sein, nehmen sie einfach kochendes Wasser. Vergessen Sie nicht, mit Salz und Pfeffer zu würzen, aber bitte mit Fingerspitzengefühl.

4. Schritt: Den Topf vom Herd nehmen, gründlich die Butter und den Parmesan untermischen und einen Deckel auflegen. Jetzt muss der fertige Risotto noch 2 Minuten ruhen. Dies ist ein ganz entscheidender Punkt, denn erst dadurch gewinnt er seine perfekte, cremig-feuchte Konsistenz. Da Risotto aber nicht beliebig lange so bleibt, essen Sie ihn möglichst bald.

6 PORTIONEN

gut 1 l Hühner-, Fisch- oder Gemüsebrühe (was jeweils passt)

2 EL Olivenöl

1 EL Butter

1 große Zwiebel, geschält und fein gehackt

2 Knoblauchzehen, geschält und fein gehackt

½ Knollensellerie, geschält und fein gehackt

400 g Risotto-Reis

2 Weingläser trockener weißer Wermut (Martini oder Noilly Prat) oder trockener Weißwein

Meersalz und frisch gemahlener schwarzer Pfeffer

70 g Butter

120 g frisch geriebener Parmesan

1. Das gehackte Gemüse sanft anschwitzen.

2. Den Reis einstreuen ...

3. ... und rühren, bis er glasig schimmert.

4. Mit dem Wein oder Wermut ablöschen und
einkochen lassen. Vielleicht erleben Sie ja ein
kleines Feuerwerk!

5. Schöpfkellenweise
die Brühe zugießen.

6. Ständig rühren,
bis der Reis gar ist.

Unkomplizierte Hühnerbrühe

Brühen gehören zu den Zubereitungen, die vielen – sogar Profis, wenn sie zu Hause kochen – zu aufwendig sind. Vielleicht kann ich Sie ja mit diesem Rezept bekehren, denn es ist unkompliziert und liefert trotzdem eine gute Brühe. Oft koche ich sie, nachdem wir unser gebratenes Sonntagshähnchen aufgegessen haben: Ich werfe einfach die Karkasse (das ist das Gerippe bzw. die ausgelösten Knochen) zusammen mit jeglichem aromatischen Wurzelgemüse und Kräutern, die ich gerade da habe, in einen großen Topf mit Wasser – und mehr gibt es nicht zu tun. Besser fällt das Ergebnis aber zweifellos mit rohen Karkassen aus.

Die Hühnkarkassen oder -teile mit dem Knoblauch, dem Gemüse, den Kräutern und Pfefferkörnern in einen großen, hohen Topf füllen. Das Wasser zugießen und zum Kochen bringen. Den aufsteigenden Schaum abschöpfen und dann bei verminderter Temperatur 3–4 Stunden köcheln lassen. Zwischendrin immer wieder den Schaum abschöpfen.

Die fertige Brühe durch ein feines Sieb gießen, etwa ½ Stunde abkühlen lassen und anschließend in den Kühlschrank stellen. Sobald sie komplett erkaltet ist, sollte sie schön klar sein und wie heller Bernstein schimmern. Meist fülle ich sie dann in kleine Plastikgefäße und friere sie ein. Im Kühlschrank hält sie sich etwa 4 Tage, tiefgefroren sogar 2–3 Monate.

Variante: Sollte auch dieses Rezept Sie nicht bewegen, selbst zur Tat zu schreiten, bleibt Ihnen immer noch der Griff nach guten Brühwürfeln oder einer fertige Brühe aus dem Glas.

ERGIBT 4 LITER
2 kg rohe Hühnerkarkassen, -schenkel oder -flügel, in Stücke gehackt

½ Knoblauchknolle, ungeschält (einmal kräftig draufschlagen)

5 Selleriestangen, grob gehackt

2 mittelgroße Lauchstangen, grob gehackt

2 mittelgroße Zwiebeln, geschält und grob gehackt

2 große Möhren, grob gehackt

3 Lorbeerblätter

2 frische Rosmarinzweige

5 frische Petersilienstängel

5 frische Thymianzweige

5 ganze schwarze Pfefferkörner

6 l kaltes Wasser

Risotto mit gebackenem Kürbis, Esskastanien, Salbei und Speck

Wenn in den Fußgängerzonen heiße Kastanien und Glühwein verkauft werden und Weihnachten vor der Tür steht, ist es Zeit für diesen tierisch guten Risotto.

Den Backofen auf 190 °C vorheizen. Den Kürbis vorsichtig längs halbieren, aus den Hälften mit einem Löffel die Kerne herausholen und beiseite legen. Die Hälften längs in 5 mm dicke Scheiben schneiden und nebeneinander auf ein großes Arbeitsbrett legen. Die Koriandersamen und Chilis mit 1 Prise Salz und Pfeffer im Mörser oder auch in einer Metallschüssel mit einem Holzstampfer zerstoßen. Die Kürbisscheiben mit dieser Mischung rundum bestreuen und mit 1 EL Olivenöl beträufeln bis sie gleichmäßig gewürzt sind. Dicht an dicht auf ein Bratblech legen und etwa 30 Minuten backen, bis sich nicht nur das Fruchtfleisch, sondern auch die Schale weich anfühlt. Jetzt ist es an der Zeit, mit der Zubereitung des Risottos zu beginnen.

Den Kürbis aus dem Ofen nehmen und mit den Speckscheiben belegen. Die Kürbiskerne, Kastanien und Salbeiblätter mit etwas Olivenöl, Salz und Pfeffer vermischen. Schön gleichmäßig über den Kürbis und den Speck streuen und für 5–10 Minuten nochmals ab in den Ofen, bis der Speck knusprig ist.

Nachdem der Kürbis etwas abgekühlt ist, rütteln Sie die übrigen Zutaten von den Scheiben herunter. Eine Hälfte der Kürbisscheiben fein hacken – das wird eine etwas breiige Angelegenheit – und die andere Hälfte in etwas gröbere Stücke schneiden. Sobald der Risotto gar ist und Sie ihn abgeschmeckt haben (Ende von Schritt 3), mischen Sie den Kürbis unter und verfahren dann weiter nach dem Grundrezept. Vor dem Servieren verteilen Sie den Speck, die Kastanien, den Salbei und die Kürbiskerne über dem Risotto. Wer mag, häuft neben jede Portion noch einen ordentlichen Klecks Mascarpone.

Tipp: Stellen Sie ein Stück frischen Parmesan und eine Reibe in die Tischmitte. Dann kann sich jeder selbst bedienen.

6 PORTIONEN
1 Butternusskürbis

1 gestrichener EL Koriandersamen

2 kleine getrocknete Chilischoten

Meersalz und frisch gemahlener schwarzer Pfeffer

Olivenöl

Risotto, zubereitet nach dem Grundrezept (siehe Seite 118)

12 Scheiben durchwachsener Frühstücksspeck (Bacon)

100 g Esskastanien (nach Belieben auch vakuumverpackt)

1 Bund frischer Salbei, die Blätter abgezupft

6 gehäufte EL Mascarpone (nach Belieben)

Risotto mit geräuchertem Schellfisch, Wachsbohnen und Wodka

Da glaubt man, endgültig alles durchprobiert zu haben, was in Sachen Risotto möglich ist, und plötzlich kommt einem wieder eine neue, grandiose Idee. Hier ersetzt Wodka den sonst üblichen Wein und hinterlässt ein ganz eigenes, frisches Aroma, das zu den knackigen Wachsbohnen genauso perfekt passt wie zu dem rauchigen Geschmack des zerpflückten Fisches. Parmesan hat in diesem Rezept keinen Platz, er würde sich mit dem Fisch absolut nicht vertragen.

Befolgen Sie das Grundrezept für den Risotto. In Schritt 2 gießen Sie allerdings statt des Wermuts oder Weins den Wodka hinzu. Erhitzen Sie in einem Topf die Milch zusammen mit der Brühe des Risotto-Grundrezepts und den Lorbeerblättern, legen Sie den Fisch hinein und den Deckel auf den Topf. Den Fisch etwa 5 Minuten pochieren – dabei darf die Flüssigkeit nicht kochen. Den Topf vom Herd nehmen.

Der Pochierfond gibt dem Risotto zusätzlichen Geschmack. Also rühre ich ihn in Schritt 3 ein und halte mich dabei wieder an das Grundrezept. Am Ende von Schritt 3 den Fisch zerpflücken und zusammen mit den Bohnen unter den Reis mischen. Danach geht alles so weiter, wie im Grundrezept beschrieben, nur lassen Sie den Parmesan weg. Stattdessen bestreuen Sie den Risotto mit den Sellerieblättern. Noch 1 kleiner Schuss Wodka und 1 Spritzer Zitronensaft – und das war's auch schon.

6 PORTIONEN

Risotto, zubereitet nach dem Grundrezept (siehe Seite 118), aber ohne den Parmesan

4 Schnapsgläser Wodka (ersetzt den Wein im Grundrezept)

gut 550 ml Milch

700 g geräucherter Schellfisch

2 Lorbeerblätter

250 g Wachsbohnen, die Enden entfernt, in kleine Stückchen geschnitten

1 Hand voll helle Sellerieblätter (aus dem Herz)

DÄMPFEN
UND GAREN
IN DER TÜTE

DÄMPFEN

Diese Garmethode ist phantastisch! Denn obwohl die Zutaten eher indirekt im heißen Dampf garen, entwickeln sie einen wunderbar feinen Geschmack. Während zum Beispiel die Japaner ihre Speisen langsam in einem Bambuskorb dämpfen, hält meine Oma große Stücke auf ihren Schnellkochtopf, der mit extremem Druck, sehr hoher Temperatur und entsprechend rasantem Gartempo arbeitet. In manchen Fällen sind die Zutaten in der Hälfte der Zeit gar, die sie sonst brauchen würden, bleiben dabei aber super saftig.

GAREN IN DER TÜTE

Ursprünglich kommt diese Methode aus Frankreich, wo die betreffenden Gerichte den Zusatz »en papillote« tragen. Anstelle von Pergamentpapier wird heute zunehmend Alufolie verwendet, die sich viel leichter formen lässt und auch deutlich besser die Hitze leitet. Fantastisch an dieser Technik ist, dass sich verschiedene Garformen gleichzeitig innerhalb der Hülle abspielen – die Zutaten werden gekocht, gedämpft und sogar ein bisschen gebacken. Außerdem ist das Ganze eine saubere Sache, denn die Verpackung wirft man anschließend einfach weg.

Gedämpfter Wolfsbarsch mit grünen Bohnen und Weißwein-Vanille-Sahne-Sauce

Fisch bringt seinen besonderen Geschmack so richtig zur Geltung, wenn er gedämpft wird. Im Grunde eignet sich jeder weißfleischige Fisch für dieses Rezept, aber mit Wolfsbarsch ist es für mich der Hit. Vielleicht liegt das auch an der Vanille- eigentlich kein neues Aroma, aber hier echt tricky. Die Zubereitung ist kinderleicht. Trotzdem sieht es aus und schmeckt, als hätten Sie sich stundenlang ins Zeug gelegt.

Die Hälfte des Vanillemarks in einer Schüssel mit der Zitronenschale und dem Olivenöl gründlich verrühren. Den Fisch auf beiden Seiten - auch die Einschnitte - mit dieser Marinade einreiben. In einem großen Topf Salzwasser erhitzen und, sobald es sprudelt, die Knoblauchzehe 3 Minuten mitkochen. Die marinierten Fischfilets nebeneinander in einen Dämpfeinsatz oder einen Bambusdämpfkorb legen. Werfen Sie die Bohnen ins kochende Wasser und setzen Sie dann den Dämpfeinsatz/-korb in den Topf. Achten Sie darauf, dass der Fisch auf keinen Fall »nasse Füße« kriegt, er soll ausschließlich im Dampf garen. Einen Deckel auflegen und warten, bis das Wasser wieder sprudelt. Ab jetzt brauchen der Fisch und die Bohnen etwa 4-5 Minuten, bis sie gar sind. Falls die Filets aber dick geschnitten sind, sollten Sie ihnen von vornherein einen kleinen Vorsprung vor den Bohnen geben. Um zu prüfen, ob sie schon gar sind, stechen Sie mit einem spitzen Messer hinein.

Während der Fisch gart, den Wein mit dem restlichen Vanillemark und den Vanilleschoten in einem zweiten Topf bei hoher Temperatur erhitzen und auf die Hälfte einkochen lassen, dann die Sahne zugießen. Den Knoblauch, den Sie mit den Bohnen gekocht haben, zerdrücken und in die Sahnesauce einrühren. Die Sauce weiter einkochen lassen, bis sie einen Löffelrücken gleichmäßig überzieht. Mit Salz und Pfeffer abschmecken und die Schoten entfernen. Den Fisch mit den Bohnen und der Sauce anrichten und mit dem Grün garnieren.

Tipp: Schäumen Sie die Sauce, nachdem Sie die Schoten entfernt haben, zuletzt im Mixer oder mit dem Stabmixer kurz auf. Das sieht gut aus und gibt der Sauce Volumen!

Variante: Manchmal serviere ich dazu noch neue Kartoffeln, die ich nur gründlich abbürste und als Erstes in dem Dämpfwasser gar koche. Danach erst mache ich mich an das eigentliche Rezept und verwende dasselbe Wasser für die Bohnen.

4 PORTIONEN

2 Vanilleschoten, das Mark ausgeschabt (siehe Seite 304)

abgeriebene Schale von 1 unbehandelten Zitrone

2 EL bestes Olivenöl

4 Wolfsbarschfilets, je 225 g, mehrmals eingeschnitten

Meersalz und frisch gemahlener schwarzer Pfeffer

1 Knoblauchzehe, geschält

4 Hand voll zarte grüne Bohnen, die Spitzen entfernt

1 Glas Weißwein

150 ml Sahne

Kerbelblätter oder zarte helle Blätter des Staudensellerie

Gedämpfte Jakobsmuscheln mit würzigen Möhren und knuspriger Blutwurst

Vielleicht finden Sie diese Zutatenkombination ja seltsam. Aber als wir ein ähnliches Gericht im Monte's auf die Speisekarte setzten, kam es rasend gut an. Damals hatten wir besonders dicke und zarte Jakobsmuscheln, die ich deshalb unbedingt dämpfen wollte. Mein Kollege Ben, der gerade aus Marokko zurückgekommen war, kam auf die Idee mit den würzigen Möhren. Jetzt fehlte nur noch etwas, was quasi eine Brücke zwischen den beiden Elementen schlagen und dem Gericht etwas Herzhaftes geben konnte. Und da fiel uns die Blutwurst ein. Sollten Sie keine schönen Jakobsmuscheln finden, gelingt das Rezept genauso mit Seeteufelmedaillons.

Den Backofen auf 220 °C vorheizen. In einem Topf mit schwerem Boden 6 EL Olivenöl erhitzen und sämtliche Gewürze zusammen mit dem Knoblauch etwa 30 Sekunden sanft dünsten. Die Möhren mit jeweils 1 Prise Salz und Zucker gründlich untermischen und die Hühnerbrühe oder das Wasser zugießen. Einen Deckel auflegen, zum Kochen bringen und etwa 40 Minuten leise köcheln lassen, bis die Möhren weich sind – dabei dürfen sie niemals »auf dem Trockenen sitzen«, gießen Sie also rechtzeitig etwas Wasser hinzu.

Inzwischen die Blutwurstpelle längs aufschneiden und das Stück wie ein Buch aufklappen. Das klingt nicht sehr verlockend, ist aber wichtig, um die Wurst so hinzubekommen, wie sie sein soll. Wenn die Möhren die Hälfte ihrer Garzeit, also ungefähr 20 Minuten, hinter sich haben, die Wurst in einer kleinen, ofenfesten Form in etwa 15–20 Minuten im vorgeheizten Ofen knusprig werden lassen.

Einen großen Topf etwa 2,5 cm hoch mit Wasser füllen und erhitzen, bis leichter Dampf aufsteigt. Die Jakobsmuscheln auf einer Seite kreuzweise einritzen, mit etwas Salz, Pfeffer und der Orangenschale bestreuen. In einen herkömmlichen Dämpfeinsatz oder einen Bambusdämpfkorb legen und über dem kochenden Wasser dämpfen. Je nach Größe sind sie in 5–6 Minuten gar. Verpassen Sie nicht den entscheidenden Augenblick, sonst werden sie zäh wie Gummi!

Die Möhren (Zimtstange entfernen) auf einzelne Teller verteilen. Darauf die Jakobsmuscheln anrichten, etwas Blutwurst darüber bröseln und mit Schnittlauch, Basilikum oder Koriandergrün bestreuen. Den Orangen- und Zitronensaft mit der gleichen Menge Olivenöl verrühren. Das Gericht mit diesem Dressing beträufeln und sofort servieren.

4 PORTIONEN

bestes Olivenöl

$\frac{1}{2}$ Zimtstange

1–2 getrocknete rote Chilischoten, zerbröselt

$\frac{1}{2}$ TL gemahlener Kreuzkümmel

1 TL Fünf-Gewürze-Pulver

$\frac{1}{2}$ Muskatnuss, frisch gerieben

2 Knoblauchzehen, geschält und in feine Scheiben geschnitten

1,2 kg Möhren, geschält und in kleine Stifte geschnitten (siehe Seite 266)

Meersalz und 1 Prise Zucker

2 Weingläser Hühnerbrühe oder Wasser

200 g Blutwurst

12–16 große Jakobsmuscheln, küchenfertig vorbereitet

frisch gemahlener schwarzer Pfeffer

abgeriebene Schale und Saft von 1 unbehandelten Orange

1 Bund Schnittlauch, Basilikum oder Koriandergrün, in längere Stücke geschnitten bzw. die Blätter abgezupft

Saft von $\frac{1}{2}$ Zitrone

Kleine chinesische Wirsingrouladen mit Hühnchenfleisch

Als Jools schwanger war, gehörten diese Röllchen zu ihrem Lieblingsessen. Nur Bananen mit Marmite, der legendären englischen Hefepaste, machten ihnen Konkurrenz.

Die äußeren Blätter des Wirsings oder Chinakohls und den Strunk entfernen. Die restlichen Blätter ablösen und für 2 Minuten in kochendem Salzwasser blanchieren, bis sie geschmeidig werden. Sofort in eine Schüssel mit kaltem Wasser legen, danach abgießen.

Knoblauch, Ingwer, Frühlingszwiebeln, Koriandergrün und Chili(s) mit der Fischsauce und 1 kräftigen Prise Salz in der Küchenmaschine fein pürieren. Das Fleisch mit den Wasserkastanien, der Schale und dem Saft der Limetten und dem Sesamöl zufügen und mehrmals kurz den Schalter drücken, bis Sie eine geschmeidige Fleischfarce erhalten.

Jeweils 1 gehäuften TL davon knapp über das untere Ende von jedem Kohlblatt setzen. Erst das untere Ende und dann die Seiten über die Füllung klappen und das Ganze aufrollen. Einen Bambusdämpfkorb oder Dämpfeinsatz dünn mit Olivenöl ausstreichen und die Rouladen hineinpacken – dicht an dicht, dann können die Röllchen nicht aufgehen. Jetzt setzen Sie das Ganze in einen Topf mit kochendem Wasser, das aber nicht zu hoch reichen darf: Die Mini-Rouladen sollen ausschließlich im Dampf garen. Für etwa 6 Minuten einen Deckel auflegen. Danach nehmen Sie ein Röllchen heraus und schneiden es auf, um zu prüfen, ob die Hitze bis ganz nach innen gedrungen und das Fleisch richtig gar ist.

Wenn ich für die Zubereitung einen Bambusdämpfkorb nehme, verwende ich ihn anschließend gleich als stilechtes Serviertablett. Ich bestreue die Röllchen nur locker mit Sesamsamen und mache in der Mitte etwas Platz für kleine Schalen mit der Chili- und der Sojasauce.

4 PORTIONEN
1 Wirsing oder Chinakohl
Meersalz
2 Knoblauchzehen, geschält
1 daumengroßes Stück frischer Ingwer, geschält
1 Bund Frühlingszwiebeln, geputzt
1 Hand voll frisches Koriandergrün
1–2 frische rote Chilischoten
1 EL Fischsauce (aus dem Asia-Laden)
4 Hähnchenschenkel, ausgelöst, enthäutet und grob gehackt
1 Hand voll Wasserkastanien (aus dem Asia-Laden)
abgeriebene Schale und Saft von 2 unbehandelten Limetten
1 TL Sesamöl
bestes Olivenöl
1 EL Sesamsamen, geröstet
süße Chilisauce
Sojasauce

'Fast überall gibt es inzwischen Asia-Läden.'

Gedämpfte Won-tans mit Garnelenfüllung

Diese simplen, kleinen Köstlichkeiten lassen Ihnen völlig freie Hand was die Füllung betrifft. Vielleicht kommt Ihnen die Sache am Anfang etwas knifflig vor, aber schon bald werden Sie ohne Ende Won-tans produzieren.

Ingwer, Knoblauch, Koriandergrün, Chilis und Frühlingszwiebeln fein hacken. Zusammen mit den Garnelen in der Küchenmaschine mixen. Sobald die Zutaten gut vermischt sind, das Sesamöl und die Sojasauce kurz untermixen. Die Füllung in einer kleinen Schüssel mit Salz und Pfeffer abschmecken.

Breiten Sie die Won-tan-Hüllen nebeneinander auf der trockenen Arbeitsfläche aus. Auf jedes Stück setzen Sie in die Mitte einen kleinen Teelöffel der Garnelenmischung und pinseln den umgebenden Teig dünn mit Wasser ein. Drücken Sie zwei der Teigzipfel über der Füllung zusammen, sodass sie miteinander verkleben, und schließen Sie dann die Füllung mit den anderen beiden Teigzipfeln komplett ein. Wie Sie das letzten Endes machen, ist ganz egal – es gibt viele verschiedene Won-tan-Formen. Hauptsache, die Päckchen sind richtig dicht.

Die Won-tans nebeneinander in einen Bambusdämpfkorb oder einen Dämpfeinsatz legen und in einem Topf über kochendem Wasser zugedeckt sanft dämpfen. Sie brauchen etwa 7 Minuten. Vielleicht »opfern« Sie eines der Päckchen und öffnen es, um zu prüfen, ob die Garnelenfüllung gar ist und eine leicht rosa Farbe angenommen hat.

Für den echten Genuss stellen Sie dazu kleine Schalen mit Sojasauce, Sesamöl und süßer Chilisauce zum Dippen auf den Tisch.

ETWA 16 STÜCK

2 cm frischer Ingwer, geschält

2 Knoblauchzehen, geschält

1 kleine Hand voll frisches Koriandergrün

2 frische rote Chilischoten, Samen entfernt

5 Frühlingszwiebeln, grob zerschnitten

300 g rohe Riesengarnelen, geschält

1 EL Sesamöl, und etwas mehr zum Dippen

2 EL Sojasauce, und etwas mehr zum Dippen

Meersalz und frisch gemahlener schwarzer Pfeffer

1 Paket Won-tan-Hüllen (aus dem Asia-Laden)

süße Chilisauce zum Dippen

Chinesische Dampfbrötchen mit Schweinefleischfüllung

Für eine Extraportion Aroma lohnt es sich unbedingt, frische oder wenigstens tiefgefrorene Limettenblätter als Dämpfunterlage aufzutreiben. In einem Asia-Laden könnten Sie fündig werden!

In einer großen Pfanne 1 Schuss Olivenöl erhitzen. Die Koteletts mit Salz, Pfeffer und dem Fünf-Gewürze-Pulver bestreuen und von beiden Seiten braten, bis sie richtig durch sind. Zusammen mit dem Knoblauch, dem Ingwer und den Chilis noch 1 Minute braten, dann den Orangensaft zugießen und auf die Hälfte einkochen lassen. In einer Schüssel abkühlen lassen.

In einer zweiten Schüssel die Hefe mit der Hälfte des lauwarmen Wassers verrühren. Das Mehl, die Maisstärke und das Salz in eine dritte Schüssel sieben und die Butter mit den Fingerspitzen einarbeiten. Sobald die Hefe Schaumbläschen zeigt, das restliche Wasser zufügen und mit der Mehlmischung zu einem weichen Teig verarbeiten. Mit Klarsichtfolie abdecken und an einem warmen Platz gehen lassen, bis sich das Volumen verdoppelt hat. Etwa walnussgroße Teigportionen zu Kugeln rollen.

Ein Kotelett auf einem Schneidbrett grob hacken, das andere zusammen mit dem Bratensaft aus der Schüssel in der Küchenmaschine ganz fein mixen. Das gesamte Fleisch in der Schüssel gründlich mit der Hoisin-Sauce, dem Sesamöl und der Chilisauce vermischen.

Einen Bambusdämpfkorb oder Dämpfeinsatz mit Limettenblättern auslegen. Die erste der Teigkugeln, die inzwischen übrigens wieder aufgegangen sind, auf der Handfläche zu einem etwa 6 cm großen Kreis flach drücken und wie eine Schale leicht wölben. In die Mitte kommt 1 TL der Füllung. Die Teigränder vorsichtig über der Füllung zusammendrücken und wieder rund rollen. Die Kugel mit der Nahtseite nach unten in den Dämpfkorb/-einsatz legen und die restlichen Brötchen genauso herstellen. Da sie sich in der Hitze noch weiter aufblähen, brauchen Sie jeweils etwa 2 cm Abstand zueinander falls der Platz nicht für alle reicht, stapeln Sie einige Dämpfkörbe übereinander oder garen Sie die Brötchen in mehreren Durchgängen. Vorher müssen sie aber noch 5 Minuten ruhen. Das Dämpfen geschieht im verschlossenen Topf über kochendem Wasser und dauert etwa 10 Minuten. Schneiden Sie ein Brötchen auf, um zu checken, ob es gar und die Füllung richtig heiß ist. Dazu stellen Sie die Dips auf den Tisch.

8 STÜCK

Für die Füllung

Olivenöl

2 Schweinekoteletts, je 200 g, ausgelöst

Meersalz und frisch gemahlener schwarzer Pfeffer

1 EL Fünf-Gewürze-Pulver (aus dem Asia-Laden)

3 Knoblauchzehen, geschält und in Scheiben geschnitten

2,5 cm frischer Ingwer, geschält und in Scheiben geschnitten

2 getrocknete Chilischoten, zerbröselt

1 Weinglas frisch gepresster Orangensaft

6 EL Hoisin-Sauce (aus dem Asia-Laden)

1 EL Sesamöl

1 EL süße Chilisauce

1 Hand voll frische Limettenblätter (nach Belieben)

Für den Teig

7 g Trockenhefe

200 ml lauwarmes Wasser

250 g Weizenmehl

100 g Maisstärke

1 TL Salz

50 g Butter

Zum Servieren

Sojasauce

süße Chilisauce

Schellfisch und Miesmuscheln, mit Wein und Safran in der Papierhülle gegart

Außer Schellfisch lässt sich auch jeder andere weißfleischige Fisch – zum Beispiel Kabeljau, Seehecht oder sogar Seeteufel – nach diesem Rezept zubereiten. Die Haut wird zwar bei dieser Methode nicht kross, aber dieses Verfahren gibt dem Ganzen Aroma und schützt außerdem das Fleisch vor dem Austrocknen. Kein anderes Gewürz entwickelt so schnell einen derart verlockenden Duft und Geschmack wie Safran. Außerdem gibt er dem Ganzen natürlich eine spektakuläre Farbe. Klar, er ist nicht gerade billig, doch schon mit ganz wenig kommt man ganz schön weit. Wenn Sie die Muscheln vorbereiten, vergessen Sie nicht, auch den »Bart« zu entfernen. Statt der Papierhülle können Sie auch Alufolie verwenden.

Den Backofen auf 250 °C vorheizen und gleichzeitig ein Backblech erhitzen. Als Nächstes basteln Sie sich die Hüllen zum Garen. Dafür vier Blatt Pergamentpapier, mindestens doppelt so groß wie die Fischfilets, in der Mitte zusammenfalten und die Seitenkanten doppelt falzen, sodass längliche Beutel entstehen.

Nun gießen Sie den Wein in eine Schüssel und lassen den Safran darin ziehen, bis er nach etwa 5 Minuten sein Aroma und seine Farbe abgibt. Die Petersilie in die Beutel verteilen. Die Fischfilets hineinpacken und jedes mit Butterscheiben belegen. Dann kommen die Muscheln in die Beutel und anschließend wird das Ganze mit dem Safranwein übergossen. Verschütten Sie dabei möglichst nichts von diesem kostbaren Saft und passen Sie gleichzeitig auf, dass er nicht an den Seiten herausläuft. Die Frühlingszwiebeln darüber streuen und die Beutel gut verschließen.

Nehmen Sie jetzt das heiße Blech aus dem Ofen und legen Sie die Pakete nebeneinander darauf. Die Falze nach oben biegen, damit keine Flüssigkeit herauslaufen kann. Das Blech stellen Sie zunächst auf den heißen Herd, bis sich in den Paketen etwas tut: Es beginnt leise zu zischen und innen bildet sich Dampf. Jetzt schieben Sie sie für 12 Minuten in den Ofen, wobei sich die Hüllen aufblähen.

Die Pakete auf dem Blech servieren, sodass die Gäste sie selbst öffnen können. Dazu passen gekochte Kartoffeln und ein feines Blattgemüse. Was auf jeden Fall noch auf den Tisch gehört, ist eine Schüssel für die Hüllen und für die Muschelschalen.

4 PORTIONEN

2 Glas trockener Weißwein (möglichst Chardonnay)

1 gute Messerspitze Safranfäden

1 Hand voll frische Petersilie, grob gehackt

4 Schellfischfilets, je 225 g, entgrätet

100 g Butter, in Scheiben geschnitten

1 Bund Frühlingszwiebeln, geputzt und in feine Röllchen geschnitten

2 große Hand voll Miesmuscheln, küchenfertig vorbereitet

Gedämpfte Kalmare mit Kräuterfüllung

Dieses Gericht ist ruck, zuck fertig, denn sämtliche Zutaten werden in einem Arbeitsgang gegart. Nachdem Sie alles in den Dämpfeinsatz verfrachtet haben, können Sie schon knapp zehn Minuten später am Tisch sitzen. Getrocknete, gesalzene schwarze Sojabohnen schmecken irre gut und sind in vielen Asia-Läden erhältlich. Nicht verwechseln mit schwarzen Bohnen, die man konserviert in Dosen bekommt! Trotzdem können diese als Ersatz herhalten.

Frühlingszwiebeln, Chili, Zitrone, frisches Koriandergrün und Minze fein hacken. Alles vermischen und zum Schluss leicht salzen und pfeffern. Die Mischung mit einem kleinen Löffel locker in die Kalmare füllen. Damit ist die Hauptarbeit bereits geschafft!

Als Nächstes erhitzen Sie in einem großen Topf schon einmal etwas Wasser zum Dämpfen. Nehmen Sie dafür entweder einen stilechten Bambusdämpfkorb von 25 cm Durchmesser oder einen gewöhnlichen Dämpfeinsatz. Den Boden gleichmäßig mit den Pak-Choi-Blättern auslegen und die Zuckerschoten darauf verteilen. Von den Bohnen die Enden abschneiden und dann den Rest in schmale Scheiben schneiden – wenn Sie die Bohnen vorher zu einem dicken Bündel zusammenfassen, ist diese Arbeit im Handumdrehen erledigt. Jetzt die Bohnen über die Zuckerschoten streuen, gefolgt von den schwarzen Bohnen und zuletzt dem Ingwer. Die Kalmare auf das Gemüsebett legen und im verschlossenen Topf 7–8 Minuten dämpfen.

Währenddessen rühren Sie schnell das Dressing an: Die schwarze Bohnen im Mörser zerdrücken und alle übrigen Zutaten gründlich untermischen. Den Dämpfeinsatz auf einen Teller stellen, die Kalmare mit dem Dressing überziehen und das Ganze so servieren.

Tipp: Kochen Sie in dem Dämpfwasser Kräuter oder auch Gewürze mit, beispielsweise Sternanis. Diese machen einen kleinen, aber wirklich feinen Unterschied. Sie werden es riechen und schmecken!

Variante: Gehaltvoller wird das Gericht, indem Sie etwas klein geschnittenes Hühnerfleisch erst im Wok braten und dann mit den anderen Zutaten in die Kalmare füllen. Obwohl das Fleisch schon vorher richtig gar sein muss, verlängert sich die Dämpfzeit dadurch ein wenig.

2 PORTIONEN
3 Frühlingszwiebeln
1 frische rote Chilischote
½ Zitrone
1 Hand voll Koriandergrün
1 kleine Hand voll frische Minze
Meersalz und schwarzer Pfeffer
4 mittelgroße Kalmare mit den Fangarmen daran, küchenfertig
2 Pak-Choi, gewaschen und in einzelne Blätter geteilt
1 Hand voll Zuckerschoten
1 Hand voll gelbe oder grüne Bohnen
1 Hand voll getrocknete, gesalzene schwarze Sojabohnen, abgespült
1 daumengroßes Stück frischer Ingwer, geschält und gerieben

Für das Dressing
2 EL getrocknete, gesalzene schwarze Sojabohnen, abgespült
2 TL Zucker
2 EL Reisweinessig
2 EL süße Chilisauce
2 TL Sesamöl
2 EL Pflanzenöl
1 Prise schwarzer Pfeffer
etwas Koriandergrün, gehackt

HACKEN UND SCHNEIDEN WIE EIN PROFI

Wenn Ihnen Ihre Finger lieb sind, sollten Sie beim Hacken und Schneiden einige Grund-
regeln beachten. Schaffen Sie sich einen Satz guter Messer an und halten Sie sie immer
richtig scharf. Sonst passiert es leicht, dass Sie bei Arbeiten mit dem großen Kochmesser
Ihr ganzes Körpergewicht einsetzen und das kann leicht unangenehme Folgen haben.

*1. Für das Hacken von Kräutern,
Fleisch und Gemüse gibt es unterschiedliche Techniken. Besonders
sicher und auch effizient finde ich die
Methode, die ich Ihnen hier zeige.*

*2. Den Griff fest packen und die zweite
Hand flach auf den Punkt legen, an dem
die Klinge hin und her wippt.*

*3. Beim Schneiden fliegen die Stücke
nach allen Seiten davon. Also schiebt
man sie zwischendrin mit der Klinge
wieder in der Mitte zusammen.*

*4. Das Messer können Sie auch als
Schaufel einsetzen; so machen Sie
sich nicht die Hände schmutzig.*

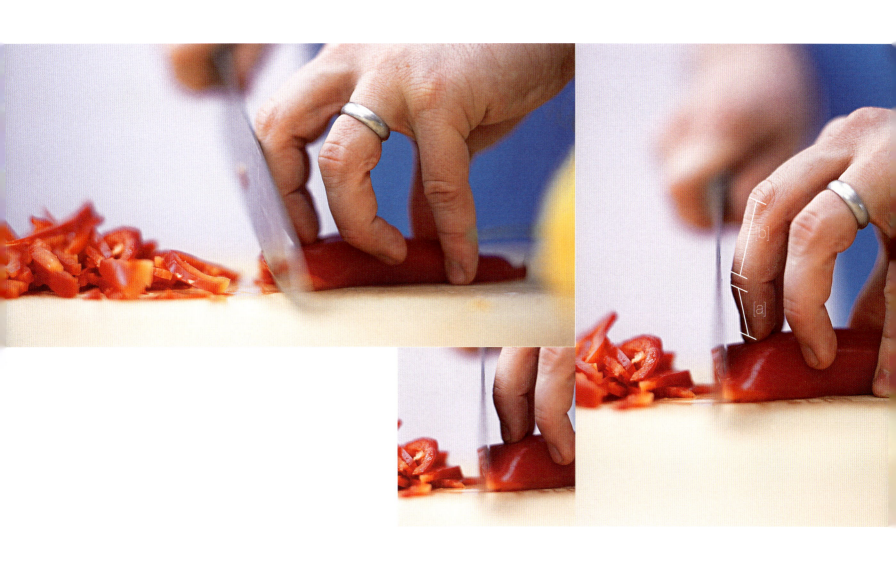

1. Jeder möchte wohl so rasant Zutaten zerkleinern können wie ein Profi. Aber auch der hat einmal langsam angefangen und sich Zeit gelassen, um sein Messer gründlich kennen zu lernen.

2. Wichtig ist, dass das Gemüse fest aufliegt, damit es nicht wegrutschen kann. Eventuell schneiden Sie es auf einer Seite flach.

3. Damit die Fingerspitzen nicht unters Messer geraten, krümmt man Sie leicht nach innen [a]. Das nächste Fingerglied bildet jetzt eine Senkrechte [b], an der sich die Klinge perfekt auf und ab führen lässt. Vergessen Sie nicht, den Daumen immer weiter nach hinten zu rücken, damit auch er mit heiler Haut davonkommt.

Gedämpfte Auberginen mit Kräuterdressing

Gedämpfte Auberginen, das klang für mich im ersten Moment schon gruselig. Aber dieses Rezept hat echte Klasse, glauben Sie mir! Außerdem ist es exotisch, man muss erst einmal darauf kommen. Normalerweise werden Auberginen gebraten oder gebacken, wobei sie jede Menge Öl aufsaugen. Beim Dämpfen werden sie wundervoll weich und zart und sind so entschieden bekömmlicher. Aus aller Welt kommen verschiedene Sorten – in Violett, Grün, Gelb und Weiß, manche länglich und andere eher rund. Halten Sie die Augen offen und lassen Sie sich keine entgehen!

Etwas Wasser in einem großen Topf zum Kochen bringen. Die Auberginen längs halbieren, mit der Schnittfläche nach oben in den Dämpfeinsatz legen und etwa 10 Minuten im geschlossenen Topf im Wasserdampf garen. Ob sie jetzt schon weich genug sind, lässt sich ganz leicht feststellen: einfach von den Seiten aus vorsichtig zusammendrücken, sie müssen butterweich nachgeben. Die Auberginen aus dem Einsatz nehmen und in einem Durchschlag etwas abkühlen lassen.

   Inzwischen das Dressing aus allen aufgelisteten Zutaten zusammenmischen. Wenn die Auberginen nur noch warm statt heiß sind, haben sie für dieses Rezept die perfekte Temperatur. Sie werden in grobe Würfel von 2,5 cm Größe geschnitten, mit dem Dressing angemacht und serviert. Ob als Salat, Vorspeise, Tapa oder auch als Beilage zu gekochtem Fisch jeder Art – nach diesem Rezept zubereitet, schmecken Auberginen einfach spitzenmäßig!

4 PORTIONEN

2 mittelgroße violette Auberginen

Für das Dressing

2 TL Zucker

4 EL Sojasauce

3 EL süße Chilisauce

2 TL Sesamöl

abgeriebene Schale und Saft von 1 unbehandelten Zitrone

4 Frühlingszwiebeln, in Scheiben geschnitten

2 frische rote Chilischoten, fein gehackt

1 große Hand voll frische Korianderblätter, grob geschnitten

1 große Hand voll frische Basilikumblätter, grob geschnitten

1 große Hand voll frische Minzeblätter, grob geschnitten

1 große Hand voll zarte, helle Sellerieblätter, grob geschnitten

Meersalz und frisch gemahlener schwarzer Pfeffer

Rochenflügel mit Artischocken, violetten Kartoffeln und Kapern in der Papierhülle gegart

Kartoffeln und Artischocken sind in Kombination mit Fisch ein wahres Dream-Team. Hier habe ich mich für violette Kartoffeln entschieden, die man allerdings nicht immer findet. Vielleicht ist Ihr Gemüsehändler so nett, sie zu besorgen. Sie bewegen sich irgendwo in der Mitte zwischen mehlig und speckig und eignen sich daher zum Backen genauso wie zum Kochen. Außerdem haben sie diese irre Farbe, die selbst Kinder, auch wenn sie nicht gerade auf Fisch stehen, neugierig macht. Wie groß die Rochenflügel sind, ist letzten Endes egal, weil Sie ohnehin einzelne Stücke davon brauchen, aber sie sollten unbedingt frisch sein. Im Dampf werden sie so unglaublich zart, dass das Fleisch anschließend butterweich zerfällt. Auch kalt als Salat schmeckt dieses Gericht wunderbar.

Für die Hüllen, die Sie als Erstes basteln, schneiden Sie aus Pergamentpapier (oder Alufolie) vier Blatt zu, gut doppelt so groß wie die Rochenstücke. In der Mitte zusammenfalten und drei Seiten doppelt falzen – so entstehen längliche Beutel, die oben offen sind. Den Backofen auf 250 °C vorheizen. Die Kartoffeln gar kochen, abgießen und abkühlen lassen, anschließend in grobe Scheiben schneiden. Die Artischockenblätter ablösen, bis schließlich der Boden frei liegt. Das so genannte Heu mit einem kleinen, scharfkantigen Löffel herausschaben. Die Böden sofort mit Zitronensaft einreiben, damit sie nicht dunkel anlaufen, und in feine Scheiben schneiden. Mit den Kartoffeln in eine Schüssel füllen. Die zerlassene Butter, den Thymian, die Petersilie und die Kapern sowie Salz und Pfeffer hinzufügen. Alles gründlich vermischen und gleichmäßig in die Beutel verteilen. Die restliche Butter in der Schüssel – Sie werden sie nicht ganz verbraucht haben – mit etwas Olivenöl verrühren und die Rochenflügel damit einreiben, anschließend salzen und pfeffern.

Den Fisch auf das Gemüse in die Beutel packen, jeweils 1 Rosmarinzweig darauf legen und 1 Glas Wein zufügen. Die Beutel fest verschließen, auf ein Backblech legen und die Falze nach oben biegen, sodass die Flüssigkeit nicht herauslaufen kann. Im vorgeheizten Ofen 15 Minuten backen, bis die Pakete aussehen, als wären sie prall aufgepumpt. Präsentieren Sie sie direkt auf dem Blech und gönnen Sie Ihren Gästen das Vergnügen, die köstliche Mischung aus Gemüse, Fisch und aromatischem Fond auf dem Teller selbst auszupacken. Dazu servieren Sie Crème fraîche, die Sie mit etwas Salz und Pfeffer verrührt haben, und einen frischen grünen Salat.

4 PORTIONEN

1 kg violette Kartoffeln, abgebürstet

5 mittlere bis große rundliche Artischocken

1 Zitrone

4 gehäufte EL Butter, zerlassen

1 Hand voll frischer Thymian, die Blättchen abgezupft

1 große Hand voll frische Petersilie, gehackt

4 gehäufte EL Kapern (in Lake oder Öl), abgetropft

Meersalz und frisch gemahlener schwarzer Pfeffer

bestes Olivenöl

4 Stücke Rochenflügel, je 225 g, vom Fischhändler filetiert und halbiert

4 kleine Rosmarinzweige

4 kleine Gläser Weißwein

4 EL Crème fraîche

ALLES IN
EINEM TOPF

Wenn ich viele Leute eingeladen habe, serviere ich gern Gerichte, die ich in einem großen Topf zubereiten kann. Genauso liebe ich es: Reste zu mischen und in Cannelloni zu füllen oder zwischen Lasagneblätter zu schichten, so wie es die Italiener machen – bei Ihnen wird nie etwas weggeworfen! Ein gutes Gericht aus einem Topf ist für mich alleredelste Hausmannskost. Abgesehen davon sind solche Gerichte ideal, um weniger wertvolles Fleisch in ein köstliches Essen zu verwandeln, und zwar so, dass sämtliche Nährstoffe und Vitamine im Topf bleiben.

Egal, ob Sie das Gericht auf dem Herd oder im Ofen schmoren: das gewürzte und eingemehlte Fleisch wird zunächst in der heißen Pfanne oder im Bräter angebraten. So nimmt es eine schöne Farbe an, und gleichzeitig schließen sich die Poren, wodurch der volle Geschmack im Fleisch bleibt. Nun können sie nach einem klassischen Rezept fortfahren oder werden selbst kreativ und bereiten mit dem, was Ihre Vorräte oder die jeweilige Saison gerade an Gemüse bieten, Ihr eigenes Schmorgericht zu.

In Minutenschnelle ist alles im Topf und kann dann zugedeckt allein vor sich hin schmoren. Die Gefahr, dass etwas verkocht, besteht kaum. Und so können selbst weniger begnadete Köche am Ende ein gelungenes, köstlich duftendes Essen auftischen.

Hühnertopf – Spezial

Dieses Rezept basiert auf einem klassischen französischen Hühnerfrikassee, mit dem ich mich während meiner Ausbildung ausgiebig beschäftigt habe. Ich war dabei, als in Frankreich Originalversionen und in Italien Variationen davon zubereitet wurden. Hier verwende ich entgegen der Tradition sehr junge Hühnchen – aber das Rezept funktioniert genauso mit einem ausgewachsenen Huhn, natürlich zerlegt (siehe Seite 162).

Den Backofen auf 180 °C vorheizen. Die Hühnchen innen und außen salzen und pfeffern und die Kräuterstängel hineinstopfen. Mit dem Zeigefinger vorsichtig die Haut über der Brust lösen und jeweils 1 TL Senf darunter verstreichen. Anschließend die Hühnchen ringsum gleichmäßig dünn mit Mehl einreiben. Mehl, das dabei herunterrieselt, fangen Sie auf.

Die Hühnchen in einer ofenfesten Kasserolle, in die sie genau hineinpassen, mit 3 kräftigen Spritzern Olivenöl von allen Seiten in 10 Minuten goldbraun anbraten, danach auf einen Teller legen. Zwiebel, Knoblauch und Sellerie in der Kasserolle andünsten, dann die Butter zufügen. Das restliche Mehl einstreuen und etwa 4 Minuten anschwitzen, dabei ständig rühren und den Bratensatz vom Boden loskratzen. Den Wein zugießen und, sobald er auf die Hälfte eingekocht ist, die Hühnchen wieder in den Topf legen. Jetzt gießen Sie noch die Brühe dazu, die etwa bis auf halbe Höhe der Hühnchen reichen sollte. Ein Stück Papier so zuschneiden (siehe Seite 174), dass es etwas größer als der Durchmesser der Kasserolle ausfällt. Unter fließendem Wasser geschmeidig machen, die Zutaten damit abdecken und den überstehenden Rand hineinschieben.

Die Hühnchen 50 Minuten bis 1 Stunde im Ofen garen, bis die Haut knusprig ist und das Schenkelfleisch sich beinahe von selbst vom Knochen löst. Auf einzelnen Tellern mit höherem Rand oder in Servierschalen anrichten. Die Kasserolle wieder auf den Herd stellen. Den Salat, die Trauben, die Petersilien- und die Estragonblätter hineingeben und alles einige Minuten im Schmorfond dünsten. Vorsichtig mit Salz und Pfeffer abschmecken und rings um die Hühnchen verteilen.

Tipp 1: Auch weißfleischiger Fisch kann so zubereitet werden.

Tipp 2: Manchmal binde ich die Hühnchenschenkel auch zusammen (siehe Seite 228), damit die Beine nicht in alle Richtungen abstehen.

4 PORTIONEN

Meersalz und frisch gemahlener schwarzer Pfeffer

4 junge Hühnchen (Stubenküken)

1 kleine Hand voll frische Petersilie, die Blätter abgezupft, die Stängel aufbewahrt

1 Bund Estragon, die Blättchen abgezupft, die Stängel aufbewahrt

4 TL körniger Senf

2 gehäufte EL Weizenmehl

bestes Olivenöl

1 weiße Zwiebel, geschält und fein gehackt

2 Knoblauchzehen, geschält und in feine Scheiben geschnitten

½ Selleriestaude, geputzt und in feine Scheiben schnitten

2 gehäufte EL Butter

2 Glas Weißwein

gut 550 ml Brühe

3 Köpfe Romana-Salat, nur die Herzen, geviertelt

1 gute Hand voll kernlose helle Trauben, gewaschen und halbiert

Kaninchen-Schmortopf mit Rosmarin, Oliven und Tomaten auf ligurische Art

Viele Leute essen prinzipiell kein Kaninchen, weil sie einmal eines als Haustier hatten oder diese Tiere absolut niedlich finden. Das sehe ich auch so, aber sie schmecken nun mal fantastisch! Jools kann ich leider nicht mal zu einem Versuch überreden, das habe ich schon vor Jahren aufgegeben.

Dieses Gericht ist ziemlich schnell fertig, vor allem, wenn Sie junges Kaninchen verwenden – ein kleines Exemplar von etwa 1 kg ist ideal. Es reicht für 2 Portionen, und das Fleisch ist herrlich zart. Der Grundsatz »weniger ist mehr« gilt hier ganz besonders – beispielsweise weniger Oliven; zu viele würden die wirklich feine Note verderben. Bitten Sie Ihren Metzger, das Kaninchen für Sie zu zerlegen.

In Ligurien werden Oliven grundsätzlich mit Stein verwendet, denn so schmecken sie entschieden besser. Wollen Sie aber nicht, dass Ihnen die Steine beim Essen in die Quere kommen, können Sie sie ja vorher entfernen. Aber kaufen Sie bloß nicht die grässlichen entsteinten Oliven im Glas, die nach nichts mehr schmecken.

Den Backofen auf 190 °C vorheizen. Das Mehl mit reichlich Salz und Pfeffer vermischen und die Kaninchenstücke darin wenden. Das Öl in einer ausreichend großen, flachen Kasserolle erhitzen und die Kaninchenstücke von einer Seite braun anbraten. Wenden, Rosmarin und Knoblauch zufügen und alles weiterbraten, bis der Knoblauch weich ist – er soll keine Farbe annehmen. Den Wein zugießen. Warten Sie, bis er kocht, dann erst kommen die restlichen Zutaten dazu. Die Kasserolle mit einem Deckel oder einem zugeschnittenen Papier (siehe Seite 174) verschließen und für 25 Minuten in den Ofen schieben. Beim Schmoren dringen all die köstlichen Aromen ins Fleisch ein und machen es butterzart und sehr schmackhaft. Gleichzeitig ergibt sich eine wunderbar aromatische Sauce, die Sie auf dem Herd noch etwas einkochen lassen.

Variante 1: Servieren Sie dazu weiße Bohnen. Dafür die getrockneten Bohnenkerne, die über Nacht eingeweicht wurden, gar kochen – eine kleine Kartoffel, eine Tomaten und ein paar Kräuter machen sie schön weich und würzig. Abseihen, Kartoffel und Tomate entfernen. Die Bohnen salzen, pfeffern und zuletzt mit bestem Olivenöl beträufeln.

Variante 2: Auch gedämpftes Blattgemüse schmeckt gut dazu.

4 PORTIONEN

2 Kaninchen, je 1 kg, in Stücke zerlegt

2 gehäufte EL Mehl

Meersalz und frisch gemahlener schwarzer Pfeffer

4 EL bestes Olivenöl

1 Bund Rosmarin

6 Knoblauchzehen, ungeschält (einmal kräftig draufschlagen)

½ Flasche Weißwein

4 Sardellenfilets

1 Hand voll kleine schwarze Oliven mit Stein

3 reife Eiertomaten, halbiert, Samen entfernt, Fruchtfleisch fein gehackt

Marokkanischer Lammtopf mit Couscous

Lammnacken bietet für wenig Geld viel Geschmack. Als ich vor kurzem nach einem Weg suchte, wie man dieses Fleisch extra zart hinbekommt, packte mich plötzlich die Lust auf Exotisches. Nachdem ich alle Sehnen entfernt hatte, klopfte ich die Stücke mit einem Nudelholz flach und schnitt sie längs zweimal so durch, dass die Stränge nur an einem Ende noch zusammenhingen. Durch die vergrößerte Oberfläche konnte anschließend die Marinade, die ich kräftig gewürzt hatte, intensiver einwirken. Die Streifen habe ich dann zu Zöpfen geflochten. Ich habe es mir interessant vorgestellt, dass das Fleisch an manchen Stellen knusprig würde und an anderen ganz weich und saftig bliebe. Jools meinte mal wieder, ich würde zu viel tricksen.

Den Backofen auf 190 °C vorheizen. Kreuzkümmel-, Koriander- und Fenchelsamen, Chilis, Rosmarin, Ingwer und jeweils 1 Prise Salz und Pfeffer zerstoßen und einige EL Olivenöl einrühren. Das Fleisch mit der Hälfte dieser Marinade bestreichen, kräftig einmassieren, flechten und beiseite legen. Die restliche Marinade in einer Schüssel mit den Süßkartoffeln, Zwiebeln und Knoblauchzehen vermischen.

Die Fleischstücke in einer ofenfesten Kasserolle in etwas Olivenöl von beiden Seiten anbraten und wieder herausnehmen. Jetzt die Süßkartoffelmischung in der Kasserolle etwa 4 Minuten andünsten, bis die Zwiebeln etwas weich werden. Die Tomaten zufügen, den Topf kräftig rütteln und das Fleisch auf das Gemüsebett legen. 3 Glas Wasser, den Zimt, die Lorbeerblätter und die Aprikosen zufügen und 1½ Stunden im Ofen schmoren. Am besten keinen Deckel auflegen, damit das Fleisch noch etwas Farbe bekommt.

Den Couscous mit dem kochenden Wasser übergießen und, sobald er die Flüssigkeit aufgesogen hat, mit einer Gabel auflockern. Salzen und pfeffern, dann noch 1 Schuss Olivenöl sowie 1 Spritzer Essig darüber träufeln. Mit Alufolie abdecken und 5 Minuten im Ofen lassen.

Das Koriandergrün grob hacken und in den Lammtopf einrühren. Zusammen mit dem Couscous auf einzelnen Tellern anrichten. Jede Portion erhält vor dem Servieren noch einen satten Klecks Joghurt.

4 PORTIONEN

½ TL Kreuzkümmelsamen

1 EL Koriandersamen

1 TL Fenchelsamen

3-4 kleine getrocknete Chilischoten

1 kleines Bund Rosmarin, die Blättchen abgezupft und fein gehackt

2 daumengroße Stücke frischer Ingwer, geschält

Meersalz und frisch gemahlener schwarzer Pfeffer

bestes Olivenöl

4 mal ausgelöstes Nackenfleisch vom Lamm, vorbereitet, wie in der Einleitung beschrieben

4 Süßkartoffeln, geschält und in 2,5 cm große Würfel geschnitten

2 rote Zwiebeln, geschält und grob gehackt

4 Knoblauchzehen, geschält und in Scheiben geschnitten

12 reife Eiertomaten, jeweils in 8 Stücke geschnitten

1 Zimtstange

2 Lorbeerblätter

1 Hand voll getrocknete Aprikosen

350 g Couscous

knapp 300 ml kochendes Wasser

etwas Weinessig

1 großes Bund Koriandergrün

4 EL Naturjoghurt

'Die Helden vom Borough Market in London'

Kabeljautopf mit Kartoffeln und Frühlingszwiebeln

Entstanden ist diese Rezeptidee in Gesprächen mit Freunden aus Island und Dänemark, die ihren Kabeljau über den grünen Klee lobten. Seit jeher stellt man dort mit diesem Fisch allerhand an: Er wird gepökelt, eingesalzen, getrocknet oder auch geräuchert. Nach einem traditionellen Rezept wird eingesalzener und luftgetrockneter Kabeljau gründlich gewässert und dann langsam geschmort, wobei er sein überschüssiges Salz an die anderen Zutaten der Suppe – hier sind es Kartoffeln – abgibt. Da guter eingesalzener Kabeljau heute schwer zu bekommen ist, habe ich das Rezept für frischen Kabeljau umgemodelt. Es lässt sich genauso mit Seehecht, Wolfsbarsch oder Heilbutt zubereiten.

In einem ausreichend großen Topf die Zwiebel und den Lauch bei niedriger Temperatur in etwa 5 EL Olivenöl 5 Minuten weich dünsten. Aus den Zucchini den etwas schwammigen Samenstrang mit einem kleinen Löffel herausschaben und das Fruchtfleisch direkt in den Topf raspeln. Die Kartoffeln in 2 cm große Würfel schneiden und in den Topf werfen. Alle Zutaten gründlich vermischen, dann die Sardellen zufügen. Die Temperatur erhöhen und den Wein zugießen. Sobald er auf die Hälfte eingekocht ist, die Milch und die Brühe zufügen. Zum Kochen bringen und anschließend ½ Stunde köcheln lassen, bis die Kartoffeln gar sind. Jetzt legen Sie den Kabeljau in den Topf und lassen alles noch etwa 15 Minuten köcheln, bis der Fisch blättrig auseinander fällt. Rühren Sie ruhig gelegentlich um und zerteilen Sie den Fisch etwas, aber erhalten Sie dabei auch einige größere Stücke. Behutsam salzen und pfeffern.

Die Petersilie grob hacken, die Frühlingszwiebeln in feine Scheiben schneiden und beides mit etwas Olivenöl und dem Zitronensaft vermischen. Den Kabeljautopf in einzelnen Schalen anrichten und die Petersilien-Frühlingszwiebel-Mischung darüber verteilen.

Variante: Streuen Sie außerdem etwas abgeriebene Orangenschale über die Petersilie und die Frühlingszwiebeln. Sie harmoniert wundervoll mit dem Kabeljau.

4-6 PORTIONEN

1 Zwiebel, geschält und fein gehackt

1 Lauchstange, gewaschen und in feine Scheiben geschnitten

bestes Olivenöl

2 mittelgroße Zucchini, längs halbiert

1 kg Kartoffeln, geschält

2 eingelegte Sardellen

1 Glas Weißwein

550 ml Milch

550 ml Brühe

1 kg Kabeljaufilet, enthäutet und entgrätet

Meersalz und frisch gemahlener schwarzer Pfeffer

1 Hand voll frische glatte Petersilie

1 Bund Frühlingszwiebeln

Saft von ½ Zitrone

EIN HUHN ZERLEGEN

Von einem Huhn werden etliche Gäste satt, wenn man es wie für ein Ragout oder Frikassee zerlegt. Auf diese Weise kann man ein Gericht »strecken«, und jeder bekommt etwas helles und dunkles Fleisch.

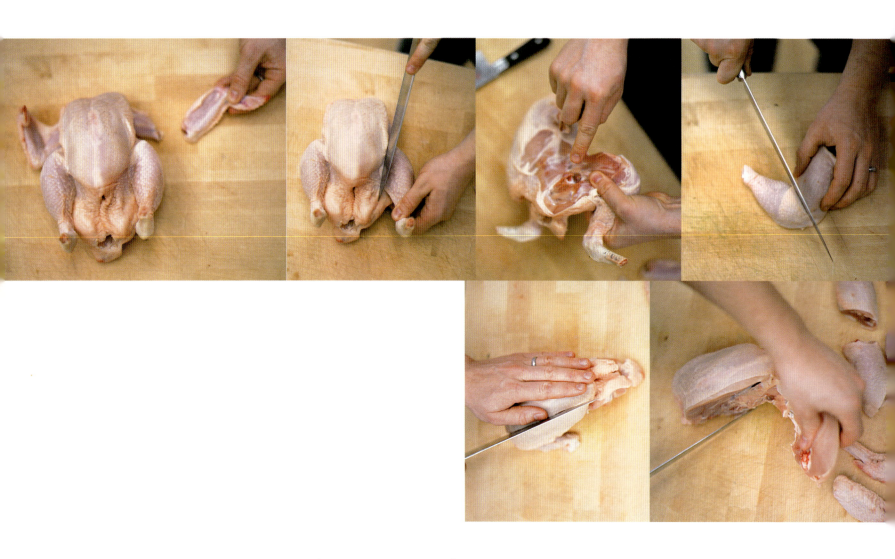

1. Die vorderen beiden Flügelglieder mit dem Messer abtrennen.

2. Die Haut rings um den Schenkelansatz einschneiden und das Fleisch bis auf das Gelenk durchschneiden.

3. Dabei den Schenkel nach außen biegen und drehen, bis er aus dem Gelenk springt. Den Schenkel abtrennen.

4. Am Kniegelenk durchschneiden und so Ober- und Unterschenkel voneinander trennen.

5. und 6. Die Flügel zusammen mit etwa der Hälfte der Brust abtrennen.

7. Das verbliebene Bruststück von der Karkasse abtrennen ...

8. ... und mitsamt dem Brustbein quer halbieren.

10. Ein Huhn, zerlegt für ein Ragout.

9. Die Karkasse in kleinere Stücke schneiden.

Libanesisches Zitronenhuhn mit Bulgur

Bulgur – vorgekochter, getrockneter und geschroteter Hartweizen – ist ein Grundnahrungsmittel der arabischen und nordafrikanischen Küche. Auch salzig eingelegte Zitronen werden hier viel verwendet, zum Beispiel, um Gerichte mit Reis, Couscous oder eben Bulgur mit ihrem pikant-säuerlichen Aroma aufzupeppen. Megastark schmecken sie in dieser Kombination mit typisch libanesischen Gewürzen und Huhn, wobei Sie auf den Klecks Saure Sahne oder Crème fraîche zum Schluss nicht verzichten sollten. Mit etwas Glück finden Sie die eingelegten Zitronen in einem orientalischen oder asiatischen Lebensmittelladen.

Den Backofen auf 180 °C vorheizen. Nachdem Sie sich als Erstes das Huhn vorgeknöpft haben, zerreiben Sie sämtliche Gewürze – auch das Salz – im Mörser zu feinem Pulver. Das Mehl gründlich untermengen und die Hühnerteile mit dieser Mischung sorgfältig einreiben, sie soll in jede Ritze eindringen. Restliches Würzpulver für später aufheben.

In einem Bräter 5 EL Olivenöl auf dem Herd erhitzen und die Hühnerteile von allen Seiten anbraten. Sie dürfen dabei nicht übereinander liegen. Eventuell in mehreren Durchgängen anbraten, danach legen Sie die Stücke auf einen Teller. Die Temperatur herunterschalten.

Fenchel, Zwiebel, Zitronen und Rosmarin in den Bräter geben und etwa 5 Minuten dünsten. Sobald die Zutaten schön weich sind, das restliche Würzpulver und den Bulgur zufügen und alles ordentlich durchmischen. Den Alkohol dazugießen. Sobald er verkocht ist und ein umwerfend frischer, würziger Duft aus dem Topf aufsteigt, gießen Sie so viel Hühnerbrühe oder Wasser hinzu, dass die Zutaten knapp bedeckt sind. Jetzt brauchen Sie ein passend zugeschnittenes Stück Pergamentpapier (siehe Seite 174), das Sie unter fließendem Wasser geschmeidig machen, dann noch mit Öl einpinseln und über der Gemüse-Bulgur-Mischung ausbreiten – durch das Öl kann es nicht mit den Zutaten verkleben. Die Hühnerteile auf das Papier legen und das Ganze für 45 Minuten in den Ofen schieben, bis die Haut des Huhns richtig knusprig ist. Manchmal backt der Bulgur etwas am Boden an und wird dabei leicht braun. Ich mag das, aber man kann es auch verhindern, indem man den Bräter in den oberen Teil des Ofens schiebt, sodass er keine direkte Hitze von unten bekommt. Mit einem kräftigen Klecks saurer Sahne oder Crème fraîche und dem gehackten Fenchelgrün garnieren und sofort servieren.

4 PORTIONEN

1 großes Huhn, zerlegt (siehe Seite 162/163)

1 TL gemahlener Zimt

1 TL Fenchelsamen

½ TL Kreuzkümmelsamen

½ TL Chilipulver

1 TL schwarze Pfefferkörner

1 TL Meersalz

3 gehäufte EL Weizenmehl

bestes Olivenöl

1 große Fenchelknolle, grob gehackt, das zarte Grün fein gehackt

1 rote Zwiebel, geschält und grob gehackt

2-3 kleine eingelegte Zitronen, gehackt; alternativ eine frische Zitrone

1 kleines Bund frischer Rosmarin, grob gehackt

150 g Bulgur

1 Weinglas Tequila, Wodka oder Weißwein

gut 550 ml Hühnerbrühe oder Wasser

1 kleiner Becher Saure Sahne oder Crème fraîche

Tipp: Wenn Sie mehr als vier Gäste erwarten, strecken Sie das Gericht mit weiterem Gemüse wie Möhren, Stangensellerie und Hülsenfrüchten. Dann verträgt es gleichzeitig eine größere Menge Bulgur.

Vegetarische Variante: Ersetzen Sie das Huhn durch Gemüse, das Sie in größere Stücke schneiden, und nehmen Sie Gemüse- anstelle von Hühnerbrühe.

Dunkler, deftiger Lammtopf mit Würsten

Wenn ich als Kind im Winter abends vor Kälte schnatternd nach Hause kam, weil ich wieder einmal am Fluss gespielt hatte und klatschnass war, hatte meine Mum jedes Mal Angst, ich würde mir eine Lungenentzündung holen. Also bekam ich erst einiges zu hören – und dann eine großen Teller Eintopf. Dieser hier macht richtig glücklich und ist preiswert dazu.

Den Backofen auf 180 °C vorheizen. Das Fleisch in eine Schüssel füllen und mit 1 kräftigen Prise Salz und Pfeffer würzen. Die Rosmarinblättchen fein hacken, mit dem Mehl über das Fleisch streuen und alles gründlich durchmischen, bis die Stücke gleichmäßig überzogen sind. In einer ofenfesten Kasserolle portionsweise in einigen EL Olivenöl kräftig anbraten, danach aus dem Topf nehmen und beiseite legen.

Auf kleinerer Stufe Zwiebel, Pilze und Möhren etwa 5 Minuten dünsten, bis sie weich sind und etwas Farbe angenommen haben. Das Fleisch mit der Pastinake, dem Hefe-Extrakt und den Perlgraupen wieder in die Kasserolle geben, das Bier und die Brühe zugießen, zum Kochen bringen und 20 Minuten köcheln lassen. Inzwischen jeweils 3 der Würste auf einen Rosmarinspieß stecken. Bevor Sie den Topf jetzt in den Ofen stellen, die Wurstspieße hineinlegen und das Ganze mit einem Stück Pergamentpapier abdecken, das Sie übergroß zuschneiden (siehe Seite 174), unter fließendem Wasser geschmeidig machen und über den Topfrand ziehen. Etwa 1 Stunde in der Ofenhitze garen. Ist der Lammtopf fertig, fällt das Fleisch beinahe auseinander und das Gericht hat fast die Konsistenz einer dicken Suppe. So esse ich es besonders gern, einfach mit knusprigem Brot dazu.

Variante 1: Die Italiener kennen ein Zaubermittel, um einem Gericht aromatisch so richtig auf die Sprünge zu helfen. Es heißt »gremolata« und besteht aus glatter Petersilie, 1 Knoblauchzehe und der Schale von 1 oder 2 Zitronen (oder Orangen – unbedingt ausprobieren!), alles fein gehackt und vermischt. Zuletzt über den Lammtopf streuen und untermischen.

Variante 2: Mit anderen Arten von Wurzelgemüse oder verschiedenen Fleischsorten lässt sich dieses Rezept abwandeln – super schmeckt es zum Beispiel mit Rindfleisch. Dann ändern sich aber die Garzeiten. Das Fleisch soll so zart sein, dass es zerfällt.

6 PORTIONEN

800 g Lammfleisch zum Schmoren, grob gewürfelt

Meersalz und frisch gemahlener schwarzer Pfeffer

6 kräftige Rosmarinzweige, 1 kleine Hand voll Blättchen abgezupft, die Zweige zu Spießen vorbereitet (siehe Seite 248) oder Cocktailspießchen

2 gehäufte EL Weizenmehl

bestes Olivenöl

1 rote Zwiebel, geschält und grob gehackt

8 größere braune Champignons, jeweils in zwei Hälften gebrochen

1 Hand voll ganz kleine Möhren, abgebürstet

1 Pastinake, geschält und geraspelt

1 TL Hefe-Extrakt (aus dem Reformhaus)

2 gehäufte EL Perlgraupen

knapp 300 ml Guiness oder ein anderes dunkles Bier

gut 500 ml Fleischbrühe

18 kleine Schweinswürstchen (z. B. Chipolatas)

Schnelles Wurst-Cassoulet

Ich hatte wohl nie so viel mit Bauarbeitern zu tun wie in letzter Zeit, und jedes Mal, wenn sie der große Hunger packte, ging es um die Wurst - buchstäblich. Ein Polier namens Dusty redete unaufhörlich von einem Wursttopf. Also bereitete ich für ihn dieses unkomplizierte Gericht zu, ein abgewandeltes französisches Cassoulet. Obwohl ich das Wort »Wurst« schon nicht mehr hören konnte, fiel mir immerhin zum ersten Mal auf, wie viele Sorten von Würsten Metzgereien und Supermärkte heute anbieten. Bei diesem Eintopf haben Sie die freie Auswahl.

Den Backofen auf 220 °C vorheizen. Die Pilze in einer Schüssel mit gut 500 ml kochendem Wasser übergießen und ruhen lassen, bis sie richtig weich sind. Einen Bräter auf dem Herd erhitzen. Den Speck quer in Streifen schneiden (der Kochprofi nennt sie »Lardons« - Spickstreifen) und in 4 EL Olivenöl goldbraun und knusprig braten. Die Zwiebeln, den Knoblauch und die Möhre grob, den Sellerie fein hacken und zusammen mit dem Kräuterbündel und den Lorbeerblättern zum Speck geben. Die Pilze abseihen - heben Sie das aromatische Wasser auf -, ebenfalls ab in den Topf und alles etwa 5 Minuten sanft dünsten. Den Rotwein zugießen und auf die Hälfte einköcheln lassen.

Die Tomaten in den Topf füllen und mit einem Holzlöffel zerteilen, dann das durchgeseihte Pilzwasser und die Bohnen zufügen. Zum Kochen bringen, 15 Minuten köcheln lassen und mit Salz und Pfeffer würzen. Jetzt die Würste kreuz und quer darüber verteilen, und dann fehlt nur noch das Brot: In kleine, unregelmäßige Stücke zerpflücken, mit dem Thymian, etwas Salz und Olivenöl vermischen und auf die gesamte Oberfläche streuen. Das Ganze für etwa 1 Stunde in den Ofen schieben, bis Wurst und Brot goldbraun und knusprig sind. Das Kräuterbündel herausfischen und das Gericht servieren, zum Beispiel mit Kartoffelpüree oder Polenta als Beilage.

Tipp: Zu diesem Cassoulet passen alle Arten von Bohnen und Linsen, auch beliebig kombiniert. Verwenden Sie das, wonach Ihnen der Sinn steht.

Variante: Wenn ich gerade Lust auf frisches Gemüse habe, mische ich kurz vor dem Servieren noch einige Hand voll Spinatblätter unter (durch die im Topf gespeicherte Hitze sind sie sofort gar). Das ist gesund und sieht auch noch gut aus!

ETWA 8 PORTIONEN

2 Hand voll getrocknete Steinpilze, zerbröckelt

8 dicke Scheiben trocken gepökelter durchwachsener Räucherspeck

bestes Olivenöl

2 rote Zwiebeln, geschält

2 Knoblauchzehen, geschält

1 große Möhre, geschält

½ Selleriestaude

1 großes, frisches Kräuterbündel (Rosmarin, Thymian und Salbei)

2 Lorbeerblätter

½ Flasche Rotwein

1,2 kg ganze Dosentomaten

800 g weiße Bohnen aus der Dose, auch gemischt (z. B. Borlotti und Cannellini)

Meersalz und frisch gemahlener schwarzer Pfeffer

24 kleine Schweinswürstchen (z. B. Chipolatas) oder 8 größere Würste

1 großes Weißbrot, schon älter und trocken, entrindet

1 kleine Hand voll frischer Thymian, die Blättchen abgezupft

'Seine Bauarbeiter sollte man bei Laune halten – zum Beispiel mit gutem Essen.'

Bouillabaisse

Die Bouillabaisse ist ein Klassiker aus Südfrankreich, wo natürlich typische Mittelmeerfische wie Drachenkopf und Knurrhahn hineinkommen. Genauso mache ich es, wenn ich diese Suppe in England koche: Ich nehme das, was der Markt frisch zu bieten hat. Lassen Sie die Fische möglichst gleich vom Händler komplett vorbereiten. Und damit sie zur selben Zeit gar sind, schneiden Sie sie am besten in etwa gleich große Stücke.

Als Erstes für die Suppenbasis sämtliches Gemüse grob hacken und mit der Petersilie, den Fenchelsamen und den Lorbeerblättern in einen großen Topf füllen und auf kleinster Stufe in Olivenöl 40 Minuten dünsten, bis alles ganz weich ist. Dabei mit passend zugeschnittenem Pergamentpapier (siehe Seite 174) abdecken. Das Papier abnehmen, die Temperatur erhöhen und das Gemüse sanft braten, bis es Farbe annimmt und schließlich karamellisiert – man kann den natürlich enthaltenen Zucker jetzt deutlich riechen. Vergessen Sie dabei nicht, immer wieder zu rühren, damit nichts ansetzt. Tomaten, Fischbrühe, Safran und Kurkuma zufügen, salzen und pfeffern, zum Kochen bringen und dann bei niedriger Temperatur 1 Stunde leise köcheln lassen.

Für die Croûtons das Brot in 5 mm dicke Scheiben schneiden und auf beiden Seiten mit zerlassener Butter bestreichen. Auf einem Blech im Backofen bei 180 °C in etwa 15 Minuten goldbraun rösten.

Für die Rouille stellen Sie das Aïoli nach Rezept her. Allerdings zerreiben Sie den Knoblauch zusammen mit 1 Prise Safran und 1 TL Cayennepfeffer – geschmacklich und farblich ein Volltreffer!

Wenn die Suppe so weit ist, mixen Sie sie in der Küchenmaschine, ohne dabei alles kurz und klein zu hacken. Mit Salz und Pfeffer abschmecken, in einen großen, weiten Topf gießen und auf dem Herd erhitzen, bis sie leise blubbert. Die Fische, Krebs- und Krustentiere würzen, vollständig in die Suppe eintauchen und sanft garen. Nach ungefähr 10 Minuten ist die Bouillabaisse servierfertig. Traditionsgemäß isst man zuerst die Suppe mit der Rouille und den Croûtons, und anschließend kommt der Fisch dran.

Varianten: Der Seafood-Mix ist nur ein Vorschlag. Probieren Sie auch Kabeljau, Knurrhahn, Meeräsche, Rochen, Heilbutt, Steinbutt, Aal oder Riesengarnelen aus. Nur Lachs und Makrele sind tabu.

6 PORTIONEN

800 g ganze Dosentomaten

1 l Fischbrühe oder Wasser

1 Prise Safran

1 Prise Kurkuma

Meersalz und frisch gemahlener schwarzer Pfeffer

2 kg Seafood-Mix, küchenfertig vorbereitet (z. B. Seehecht, Seeteufel, Streifenbarbe, Brasse und Petersfisch, dazu Taschenkrebse und Hummer)

Suppenbasis

1 Fenchelknolle

1 Selleriestaude, geputzt

1 Knoblauchknolle, geschält

2 große Zwiebeln, geschält

2 große Möhren, geschält

1 Hand voll frische Petersilie, grob gehackt

1 TL gemahlene Fenchelsamen

2 Lorbeerblätter

bestes Olivenöl

Für die Rouille

Aïoli (siehe Seite 203)

1 Prise Safran

1 TL Cayennepfeffer

Für die Croûtons

1 Baguette oder Ciabatta

Butter

EINE PAPIERABDECKUNG ZUSCHNEIDEN

Gart man Speisen im offenen Topf, dann verdampft viel Feuchtigkeit. Umgekehrt kann sie kaum entweichen, wenn man einen fest sitzenden Deckel auflegt. Eine Art Kompromiss zwischen diesen beiden Extremen erreichen Sie mit einer Abdeckung aus Pergamentpapier. Sie verhindert außerdem, dass das Essen stark bräunt.

1. Als Erstes brauchen Sie ein quadratisches Stück Pergamentpapier, das Sie sich entsprechend zuschneiden oder abreißen.

2. Einmal in der Mitte zusammenlegen, sodass ein Rechteck entsteht ...

3. ... und nochmals in der Mitte falten, das ergibt wieder ein Quadrat.

4. Jetzt diagonal falten, die geschlossene Spitze wird zur Mitte des späteren Kreises.

5. Noch einige Male falten, dann kann die Größe (Durchmesser) abgemessen werden.

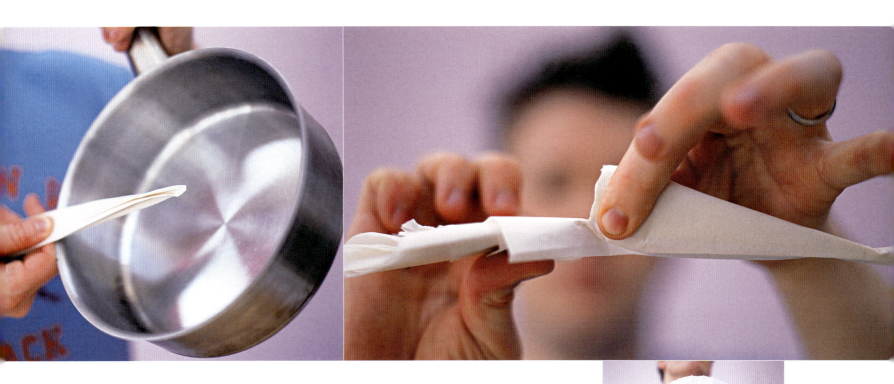

6. Die Spitze vom Rand des Topfs zur Mitte führen; der Daumen markiert das Maß.

7. An dieser Stelle das hintere Papierstück abreißen oder abschneiden.

8. Wenn Sie das Papier nun auseinander falten, halten Sie ein kreisrundes Stück in Händen. Sollte es zu groß ausgefallen sein, macht das gar nichts.

Zarter Lauch mit Thymian in Wein-Butter-Sauce

Es reizt mich immer, mit Gemüse zu experimentieren. Manchmal verrenne ich mich auch auf der Suche nach neuen Zubereitungsmethoden. Aber dieses Rezept ist wirklich gelungen: Es ist einfach, lecker und passt eigentlich zu allem.

Von den Lauchstangen die beiden äußeren Blattschichten entfernen. Den Lauch sorgfältig waschen, die hellen Stangen in 2,5 cm lange Stücke, die dunklen Enden in schmale Streifen schneiden.

Da die Lauchstücke beim Garen nebeneinander liegen sollen, nehmen Sie dafür einen entsprechend weiten, flachen Topf, besser noch einen Bräter. Darin den Knoblauch mit dem Thymian und den dunklen Lauchstreifen in der Butter bei niedriger Temperatur weich dünsten, aber nicht bräunen. Die hellen Lauchabschnitte nebeneinander darauf legen und in der Butter schwenken, danach den Wein und die Brühe zugießen. Das Lauchgemüse mit passend zugeschnittenem Pergamentpapier (siehe Seite 174) abdecken und 35 Minuten entweder weiter auf dem Herd oder auch im Backofen bei 180 °C garen, bis es weich ist und aromatisch duftet. Dabei sollte sich die Butter mit der Brühe und dem Wein zu einer leicht schimmernden Sauce verbinden. Falls sie sich doch von der Flüssigkeit abgeschieden hat, schwenken Sie den Topf bzw. Bräter etwa 30 Sekunden. Das Gemüse mit Salz und Pfeffer würzen und servieren.

Tipp: Junger Sommerlauch schmeckt lieblicher und ist schneller gar.

Variante: Rühren Sie zuletzt etwas Sahne unter den Lauch und vermischen Sie ihn dann mit gekochten Tagliatelle und einigen Hand voll frisch geriebenem Parmesan – und fertig ist ein klasse Pastagericht.

4 PORTIONEN

4 dicke Lauchstangen, die Wurzelenden entfernt

2 Knoblauchzehen, geschält und in feine Scheiben geschnitten

1 Bund frischer Thymian, die Blättchen abgezupft

115 g Butter

2 Glas Chardonnay

knapp 300 ml Gemüsebrühe

Meersalz und frisch gemahlener schwarzer Pfeffer

BRATEN UND FRITTIEREN

BRATEN IN DER PFANNE

Die Pfanne muss dafür schön heiß sein, und man verwendet nur wenig Fett – Öl, Butter, Schmalz, Bratenfett oder auch etwas so Exotisches wie Avocado- oder Kokosöl. Das Braten in der Pfanne braucht nur wenig Zeit und hat außerdem (genau wie das Braten im Ofen) den Vorteil, dass dabei der Zucker, der in den Zutaten von Natur aus enthalten ist, karamellisiert. So erhalten sie eine attraktive goldbraune Farbe und einen wundervoll süßlichen Geschmack. Was aber besonderen Spaß macht: Sie können kontrollieren, was in der Pfanne geschieht – Sie riechen, sehen und hören es. Wenn Ihnen die Sache zu heiß wird, verringern Sie die Temperatur, und falls sich zu wenig in der Pfanne tut, geben Sie mehr Gas. In der Regel nimmt man zum Kurzbraten erstklassige, dünn geschnittene Fleisch- oder Fischstücke, die schnell gar sind. Größere Stücke werden dagegen langsamer oder auch im Ofen fertig gebraten (siehe Seite 211).

FRITTIEREN

Für diese Garmethode braucht man gutes, reines Öl, das hoch erhitzt (170–180 °C) und konstant auf dieser Temperatur gehalten wird. Vor dem eigentlichen Frittieren werden Meeresfrüchte, Fleisch- oder Gemüsestücke meist in einen Backteig getaucht oder auch nur mit Mehl oder Bröseln überzogen – das gilt natürlich nicht für die guten, alten »Fritten«. Die Teighülle hatte ursprünglich die Aufgabe, Fleisch und Fisch vor der hohen Temperatur zu schützen, während sie rasch gegart und in der Hülle quasi gedämpft wurden. Der raffinierte Gegensatz von knuspriger Hülle und weichem Innenleben ist also im Grunde ein köstlicher Nebeneffekt.

Gebratenes Rehfilet mit Blaubeer-Rotwein-Sauce

Ich genehmige mir nicht gerade oft so ein schönes Stück Wild, aber jedes Mal denke ich: Das hat sich wieder gelohnt. Sie werden überrascht sein, wie gut es schmeckt. Es erinnert an ein ordentlich abgehangenes Steak und kann wunderbar saftig sein. Früchte harmonieren aufs Beste damit und gedämpfter Brokkoli, vielleicht sogar die violette Sorte, passt gut dazu. Auch Kartoffel-, Pastinaken- oder Selleriepüree kommt gut.

Den Thymian und die Wacholderbeeren zusammen mit 1 kräftigen Prise Salz und Pfeffer im Mörser zerreiben. Falls Sie so etwas nicht besitzen, nehmen Sie eine Metallschüssel und als Stößel einen Holzstampfer. Die Mischung mit 3 kräftigen Schuss Olivenöl verrühren. Jetzt das Fleisch mit Küchenpapier trockentupfen und mit dem würzigen Öl einreiben. In einer heißen Pfanne rasch braten und dabei in Minutenabständen runddrehen, sodass es gleichmäßig gart und bräunt. Je nachdem, ob Sie es innen noch durchgehend rosa mögen (medium rare) oder halb durchgebraten (medium), braucht es etwa 6 Minuten bzw. 7-8 Minuten. Wenn Sie es auch nur 1 Minute länger in der Pfanne lassen, ist Ihnen wirklich nicht zu helfen! Starren Sie aber nicht die Uhr an, sondern behalten Sie das Fleisch im Auge. Denn wie schnell es tatsächlich fertig ist, hängt auch von der Dicke des Stücks und von der Herdhitze ab. Lassen Sie Ihren Instinkt entscheiden, wann Sie es aus der Pfanne nehmen. Danach muss es auf einem Teller, abgedeckt mit Alufolie, noch 4 Minuten ruhen.

Inzwischen 1 kräftigen Schuss Olivenöl in die Pfanne gießen. Die Schalotten und den Knoblauch auf kleiner Stufe etwa 3 Minuten darin weich und glasig schwitzen. Die Temperatur wieder hochschalten, den Wein dazugießen und auf die Hälfte einkochen lassen. Nun kommen die Blaubeeren dazu, die Sie noch 4 Minuten leise köcheln lassen. Die Pfanne vom Herd nehmen, die Butter hineingeben und durch kräftiges Schwenken verteilen, bis eine durchscheinende, glänzende Sauce entstanden ist. Mit Salz und Pfeffer abschmecken.

Das Filet in 2 cm dicke Scheiben schneiden und mit gedämpftem Brokkoli oder einem anderen zarten Gemüse anrichten. Den aus dem Fleisch ausgetretenen Saft in die Sauce rühren, die Sie zum Schluss über dem Fleisch verteilen. Sensationell!

4 PORTIONEN

1 kleine Hand voll frischer Thymian, die Blättchen abgezupft

5 getrocknete Wacholderbeeren

Meersalz und frisch gemahlener schwarzer Pfeffer

bestes Olivenöl

800 g Rehrückenfilet (oder Hirschkalb), gehäutet

4 Schalotten, geschält und in feine Scheiben geschnitten

1 Knoblauchzehe, geschält und in feine Scheiben geschnitten

1 Glas kräftiger Rotwein

200 g frische Blaubeeren

2 große EL Butter

Gebratene Lammkoteletts mit Linsen, reichlich Kräutern und Balsamico-Essig

Bei diesem genialen Rezept sind die Lammkoteletts blitzschnell auf dem Tisch, und vorher kann man noch seine Aggressionen an ihnen auslassen. Das tut ihnen sogar gut! Statt der Linsen passen auch weiße Bohnen oder grüne Butterbohnen dazu.

Die Linsen in einen Topf füllen, mit Wasser bedecken und die Tomate zufügen (sie bewirkt, dass die Haut der Linsen weich wird). Zum Kochen bringen, anschließend 15-25 Minuten leicht köcheln lassen und, wenn die Linsen weich, aber noch gut in Form sind, vom Herd nehmen. Den Knoblauch und den Thymian im Mörser mit dem Stößel – oder in einer Metallschüssel mit einem Holzstampfer – zerstoßen. 1 kräftigen Schuss Olivenöl unterrühren und die Koteletts auf beiden Seiten damit einreiben. Salzen und pfeffern, danach zwischen zwei Stücken Klarsichtfolie mit dem Boden eines kleinen Topfes oder mit einem Nudelholz gleichmäßig flach drücken, bis sie nur noch etwa 1 cm dick sind. So geben sie mehr Aroma ab, außerdem sind sie hinterher schneller gar.

Eine Pfanne erhitzen, einige EL bestes Olivenöl hineingeben und die Koteletts von beiden Seiten goldbraun braten. Entweder erledigen Sie dies in zwei Durchgängen oder Sie arbeiten mit zwei Pfannen. Die fertigen Koteletts auf einer großen Platte 1 Minute ruhen lassen. Das gesamte Fett aus der Pfanne abgießen.

Die Linsen abseihen und die Tomate wegwerfen. Den Essig in die Pfanne gießen und zum Kochen bringen, dabei den Bratensatz vom Pfannenboden losrühren. Die Linsen mit der Petersilie und dem Basilikum zufügen und alles kräftig erhitzen, bis die Kräuter zusammenfallen. Die Linsen mit Salz, Pfeffer und noch etwas von dem guten Olivenöl abschmecken. Auf einzelne Teller verteilen, darauf die Lammkoteletts anrichten und mit dem restlichen Bratensaft beträufeln. Noch einen Klecks Crème fraîche darauf und auf den Tisch damit!

Tipp: Als Beilage mag ich gern den gebackenen Radicchio von Seite 214.

Variante: Für einen Salat machen Sie die Linsen mit etwas mehr Essig und Öl an und mischen dann reichlich Salatblätter darunter.

4 PORTIONEN
150 g Linsen (möglichst Puy-Linsen)

1 Eiertomate

1 Knoblauchzehe, geschält und in feine Scheiben geschnitten

1 kleine Hand voll frischer Thymian, die Blättchen abgezupft

bestes Olivenöl

12 Lammkoteletts

Meersalz und frisch gemahlener schwarzer Pfeffer

4 EL Balsamico-Essig

1 Hand voll frische Petersilie, die Blätter abgezupft

1 Hand voll frisches Basilikum, die Blätter abgezupft

4 EL Crème fraîche

Gebratene Jakobsmuscheln im Speckmantel auf Selleriepüree

Dieses simple Rezept werden Sie nie vergessen! Kaufen Sie dafür große Jakobsmuscheln, möglichst noch in der Schale, die Sie am besten gleich vom Händler auslösen lassen. In Italien ist Bauchspeck stark gesalzen und wird mit Kräutern und Gewürzen geräuchert. Man kann diesen »lardo« mit Bresaola und Prosciutto roh als Antipasto servieren, aber auch Fisch und Fleisch darin einwickeln, sodass diese beim Braten geschützt sind und das Aroma aufnehmen. Leichter bekommen Sie durchwachsenen Frühstücksspeck. Aber wenn Sie »lardo« finden, sollten Sie unbedingt zugreifen!

Als Erstes den Sellerie in grobe Stücke schneiden und in einem Topf mit kochendem Salzwasser weich garen. Inzwischen die Hälfte des Thymians im Mörser kräftig zerstoßen – das funktioniert genauso in einer Metallschüssel mit einem Holzstampfer – und mit 6 EL Olivenöl verrühren. Muscheln und Speck mit der Mischung einreiben. Jede Muschel in einen Speckstreifen wickeln, die Päckchen mit den Rosmarinspießchen – Cocktailspießchen gehen auch – fixieren und in den Kühlschrank legen.

Den fertig gegarten Sellerie abgießen und in der Küchenmaschine fein pürieren oder einfach mit einem Stampfer zerdrücken. Das Püree mit 4-5 EL Olivenöl locker durchschlagen und kräftig mit Salz und Pfeffer würzen. Eine beschichtete Pfanne erhitzen (Öl ist in diesem Fall nicht nötig). Die Päckchen nebeneinander einlegen und von jeder Seite 2 Minuten braten – länger dauert es nicht, bis die Speckhüllen schön knusprig und die Muscheln innen genau richtig gegart sind. Sobald Sie sie umgedreht haben, stellen Sie die Teller bereit und verteilen darauf das Selleriepüree.

Kurz vor Ende der Garzeit den restlichen Thymian über die Muschelpäckchen streuen – er braucht nur 20 Sekunden, bis er ebenfalls knusprig ist. Die Päckchen mit dem Thymian auf dem Selleriepüree anrichten. In die etwas abgekühlte Pfanne den Zitronensaft und einige EL Olivenöl gießen und den Bratensatz vom Pfannenboden losrühren. Die Sauce noch warm über die Jakobsmuscheln träufeln. Ein grüner Salat und eine Flasche Wein machen die Sache perfekt.

Tipp: Das Püree wird besonders cremig, wenn Sie es mit einem Spatel durch ein Sieb streichen, bevor Sie das Öl untermischen.

4 PORTIONEN

2 Knollensellerie, geschält

Meersalz und frisch gemahlener schwarzer Pfeffer

1 Hand voll frischer Zitronenthymian, die Blättchen abgezupft

bestes Olivenöl

3 oder 4 Jakobsmuscheln pro Person

6-8 Scheiben durchwachsener Frühstücksspeck (Bacon), längs halbiert

Rosmarinspießchen (siehe Seite 248)

Saft von 2 Zitronen

'In der Pfanne kann man in Minutenschnelle aus einer Menge Zutaten ein
klasse Essen zaubern.'

Gebratene Rotzungenfilets mit Kapern und Kräutern auf saftiger Polenta

Ein schnelles Gericht, das leicht ist und überhaupt gut tut. Ich teile mit den Italienern ihre große Vorliebe für feuchte, fast breiige Polenta. Sie können sie aber ohne weiteres auch trockener zubereiten und grillen. Inzwischen bekommt man den Maisgrieß in jedem größeren Supermarkt und wenn man ihn zubereitet, wie ich es hier beschreibe, kommt etwas Großartiges dabei heraus. Hüten sollten Sie sich allerdings vor Polenta, die man neuerdings servierfertig bekommt. Je nachdem, wie der Händler die Rotzunge vorbereitet, erhalten Sie pro Fisch entweder zwei Doppel- oder vier Einzelfilets. Beides ist absolut okay.

Kümmern Sie sich als Erstes um die Polenta, denn sie braucht etwa 25 Minuten. Dafür 1 l Wasser in einem großen, hohen Topf zum Kochen bringen. Sobald es sprudelt, die Polenta mit einem Schneebesen einrühren, die Temperatur herunterschalten und einen Deckel auflegen. Die Polenta möglichst alle 2–3 Minuten umrühren. Sie sollte zum Schluss die Konsistenz eines geschmeidigen, saftigen Grießbreis haben. Falls sie zu zäh ist, rühren Sie noch etwas kochendes Wasser unter. Vom Herd nehmen, salzen und pfeffern und mit dem Parmesan sowie zwei Dritteln der Butter verfeinern. Die Polenta kräftig mit einem Schneebesen glatt rühren und den Topf wieder verschließen. (Für die nächsten 20 Minuten können Sie sie jetzt einfach vergessen.)

Eine große, beschichtete Pfanne kräftig erhitzen. Den Fisch auf beiden Seiten salzen und pfeffern und mit der Zitronenschale bestreuen. Einige EL Olivenöl in die heiße Pfanne gießen und die Fischfilets einlegen – falls nicht alle auf einmal Platz haben, braten Sie sie portionsweise. Nach 1 Minute prüfen Sie, was sich auf der Unterseite getan hat: Ist sie schön goldbraun, die Hitze verringern, die restliche Butter zufügen und die Fischfilets wenden. Mit den Kapern, dem Majoran, dem Kerbel und den Sellerieblättern bestreuen und von der zweiten Seite ebenfalls goldbraun braten. Vom Herd nehmen und den Zitronensaft in die Pfanne träufeln, der sich mit der aufschäumenden Butter zu einer leichten Sauce verbindet.

Die Polenta nochmals kurz durchrühren – notfalls mit etwas heißem Wasser geschmeidig machen – und auf Teller verteilen. Darauf die Fischfilets mit der Sauce und den Kapern und Kräutern anrichten.

Variante: Sie können nach diesem Rezept auch Seezunge, Scholle und sogar Jakobsmuscheln oder frische Garnelen zubereiten.

4 PORTIONEN
150 g Polenta (Maisgrieß)
Meersalz und frisch gemahlener schwarzer Pfeffer
2 Hand voll frisch geriebener Parmesan
150 g Butter
4 Rotzungen, filetiert und enthäutet
abgeriebene Schale und Saft von 2 unbehandelten Zitronen
bestes Olivenöl
2 gehäufte EL kleine Kapern
1 kleine Hand voll frischer Majoran, die Blätter abgezupft
1 kleine Hand voll frischer Kerbel, die Blätter abgezupft
1 kleine Hand voll zarte, helle Blätter des Staudensellerie

EINEN PLATTFISCH FILETIEREN

Wie man einem Plattfisch sachgemäß zu Leibe rückt, ist auf diesen Fotos gut zu sehen. Ob Glattbutt, Steinbutt, Heilbutt … immer wenden Sie dieselbe Technik an.

1. Um den Kopf herum, dann entlang der sichtbaren Seitenlinie bis zum Schwanz einschneiden.

2. Mit einem biegsamen Filetiermesser, das Sie ganz flach und mit etwas Druck direkt auf den Gräten führen, das Filet von der Mitte zum Rand hin ablösen.

3. Auf diese Weise beide Filets je auf der Augen- und der Blindseite (Unterseite) ablösen, ohne dabei ins Fleisch zu schneiden.

4. Je nach Jahreszeit kann beim Ablösen der Filets ein Rogensack zum Vorschein kommen.

5. Auch die Hand, die nicht das Messer führt, macht mit: Sie hebt den Rand des Filets an und zieht es, während man es von den Gräten löst, nach oben weg.

EINEN PLATTFISCH IN TRANCHEN SCHNEIDEN

Wenn man einen Plattfisch in Tranchen schneidet, bekommt man es mit der knochigen Mittelgräte zu tun, aber: nur zu!

1. Den Flossensaum vom Schwanz bis zum Kopf sauber abschneiden.

2. Den Kopf herausschneiden, ohne zu viel Fleisch mitzunehmen.

3. Mit einem großen Messer entlang der sichtbaren Linie, also dem Rückgrat, den Fisch durchschneiden.

4. Quer in Tranchen (siehe Bild) schneiden. Kräftige Schläge mit einem Nudelholz auf den Messerrücken helfen, den Knochen zu durchtrennen.

5. Solche Portionsstücke bezeichnet man als Steaks.

Hummer-Tempura mit pikanter Ingwer-Dipsauce

Tempura ist ein Backteig, der von portugiesischen Einwanderern in Japan eingeführt wurde und zu einem festen Bestandteil der dortigen Esskultur geworden ist. Fisch, Meeresfrüchte und Gemüsestücke werden in Japan darin ausgebacken. Es gibt zahlreiche Tempura-Restaurants, in denen man an einer Bar Platz nimmt und zwei Stunden lang die erstaunlichsten Leckerbissen von einem Koch und seinem lautstarken Meister serviert werden.

In einem Topf, in den die Hummer einzeln gut hineinpassen, reichlich Wasser sprudelnd aufkochen. Den ersten Hummer mit dem Kopf voran schnell einlegen – die Hitze tötet ihn sofort – und nach 2-3 Minuten wieder herausnehmen. Mit dem zweiten Hummer genauso verfahren. Den Hummerschwanz vom Kopfteil abdrehen und die Scheren abschlagen. Den Schwanz längs halbieren und, genau wie die Scheren, in je drei Stücke teilen. Die Dipsauce aus den Zutaten mischen und beiseite stellen.

Zum Frittieren können Sie einen Wok nehmen, den Sie zur Hälfte mit Sonnenblumenöl füllen und so auf den Herd stellen, dass er nicht versehentlich beim Kochen oder von neugierigen Kindern umgekippt wird. Das Öl erhitzen, bis das Fettthermometer 170 °C anzeigt. Eindeutig sicherer und komfortabler ist aber einer Fritteuse. Für den Tempurateig die Eigelbe und das Eiswasser mit einem Schneebesen verrühren. Die Maisstärke mit dem Mehl und dem Backpulver sieben, dazugeben und mit Stäbchen mit nur wenigen Bewegungen unterziehen – der Teig soll locker, aber etwas klumpig sein. Die Okras, Chilis und Hummerstücke in 4 oder 5 Portionen in den Teig tauchen, den Überschuss abschütteln und im heißen Öl frittieren, bis sie ringsum goldgelb und knusprig sind. Mit einem Schaumlöffel herausheben und auf Küchenpapier abtropfen lassen. Auf einer Platte servieren, dazu in kleinen Schalen die Dipsauce und aromatisiertes Salz reichen – ich bevorzuge Jasmintee- oder Zitrussalz (siehe Seite 244).

Tipp: Eine Zeit lang habe ich in einem japanischen Restaurant gearbeitet. Dort ließen die Köche, nachdem sie das Gemüse ins Öl eingelegt hatten, aus einiger Höhe etwas Teig darauf tropfen. Das Ergebnis dieses Kunstgriffs: bizarre Formen und eine besonders knusprige Hülle.

Varianten: Probieren Sie auch frittierte Süßkartoffelscheiben, ganze Frühlingszwiebeln, Korianderstängel und Baby-Zucchini mit Blüten!

4 PORTIONEN
2 lebende Hummer, je 1,3 kg

Sonnenblumenöl

1 Hand voll Okraschoten, nur gewaschen

4 frische rote Chilischoten, unzerteilt

essbare Blüten, z. B. von Veilchen, Borretsch und Zucchini (nach Belieben)

Für den Tempurateig
2 Eigelb

350 ml Eiswasser

1 TL Maisstärke

175 g Weizenmehl

knapp 4 g Backpulver

Für die Dipsauce
12 EL Reisweinessig

4 EL Zucker

2 EL Sojasauce

2 TL frisch geriebener Ingwer

Im Teigmantel frittierte Austern mit knusprigem Rucola und Tomatendressing

Im Monte's erlebten diese Austern ihre Premiere. Allerdings servierten wir sie damals roh mit dem Tomatendressing. Eines Tages haben wir sie dann als Tempura zubereitet, und sie gingen weg wie warme Semmeln. Auch als ich die Crew für das neue Restaurant zusammenstellte, setzte ich sie den Kandidaten als so eine Art Geschmackstest vor und fragte nach ihrem Urteil. Als Appetithappen oder Vorspeise sind diese Austern ein so unglaublicher Genuss – knusprig und weich, sauer, süß und salzig zugleich –, dass ich Ihnen das Rezept auf keinen Fall vorenthalten möchte.

Die Austern öffnen, auslösen und die Schalen säubern (vielleicht sollten Sie Ihren Händler bitten, diese Arbeiten für Sie fachgerecht zu erledigen). Für den Backteig das Mehl mit einem Schneebesen in das Wasser einrühren. Den Eischnee und 1 EL Olivenöl unterziehen. Für das Dressing die Tomaten mit dem Meerrettich, dem Knoblauch und dem Essig in der Küchenmaschine zusammenmixen. Das Ganze mit Salz und Pfeffer, Tabasco und eventuell weiterem Essig pikant würzen und zuletzt durch ein feines Sieb streichen. Das Dressing nochmals abschmecken und beiseite stellen.

Das Öl in einer Fritteuse auf 180 °C erhitzen. Den Rucola in mehreren Portionen etwa 25 Sekunden schön knusprig frittieren. Mit einem Schaumlöffel herausheben und zum Aufsaugen des überschüssigen Fetts auf Küchenpapier legen. Anschließend die Austern in den Backteig eintauchen, mit einem Löffel wieder herausfischen und ebenfalls portionsweise ins heiße Öl gleiten lassen. Sie brauchen etwa 2 Minuten, bis sie goldbraun und knusprig sind. Zum Servieren legen Sie die Austernschalen mit etwas Rucola aus, setzen die frittierten Austern darauf und träufeln zuletzt etwas von dem Tomatendressing darüber.

Tipp: Auf einem Bett aus zerstoßenem Eis oder grobem Salz finden die Austernschalen stabilen Halt.

4 PORTIONEN
24 Austern

100 g Weizenmehl

170 ml kaltes Wasser

1 Eiweiß, steif geschlagen

Olivenöl

1 l Pflanzenöl

2 große Bund Rucola

Für das Dressing

12 reife Eiertomaten

2 EL Meerrettich, frisch gerieben oder Fertigprodukt

½ Knoblauchzehe, geschält

2 EL Weißweinessig

Meersalz und frisch gemahlener schwarzer Pfeffer

einige Tropfen Tabasco

'Zwei wichtige Tipps für das Garen im Wok: Heizen Sie ihm kräftig ein und stellen Sie, bevor Sie loslegen, sämtliche Zutaten bereit.'

EINEN RUNDFISCH FILETIEREN UND PORTIONIEREN

Das Schuppen und Ausnehmen sollten Sie immer dem Fischhändler überlassen, denn beides sind eher unschöne Arbeiten. Aber vielleicht möchten Sie das Filetieren ja einmal selbst ausprobieren. Hier sehen Sie Schritt für Schritt, wie es geht - ganz gleich, ob sie einen Wolfsbarsch, eine Lachsforelle, einen Schellfisch oder eine Streifenbarbe vor sich haben.

1. Direkt hinter dem Kiemendeckel zum Kopf hin bis auf die Mittelgräte einschneiden.

2. Auf der anderen Seite genauso verfahren und zuletzt die Mittelgräte mit einem kräftigen Ruck durchtrennen.

3. Mit einem stabilen Messer das obere Filet direkt über der Mittelgräte von vorn nach hinten ablösen.

4. Das Filet abheben und die jetzt frei liegende Mittelgräte entfernen.

5. Mit flach über dem Filet geführtem Messer die Bauchhöhlengräten wegschneiden.

6. Die feineren Fleischgräten mit einer Pinzette entfernen.

7. Die Filets mit der Hautseite nach oben auf die Arbeitsfläche legen und quer in Portionsstücke von 200–225 g (Steaks) schneiden.

8. Die Haut in gleichmäßigen Abständen etwa 1 cm tief einschneiden – so gart der Fisch gleichmäßiger und außerdem lassen sich in den Ritzen gut Kräuter und Gewürze unterbringen.

9. Oder das Filet schräg in Scheiben schneiden (Schnitzel).

10. Ob Sie die Haut vor oder nach der Zubereitung entfernen, hängt ganz von Ihnen und natürlich vom Rezept ab.

Knusprig gebratener Lachs mit Frühlingsgemüse

Es geht doch nichts über ein Lachssteak mit herrlich knuspriger Haut, aber auf den Punkt gegart und auf zartem Frühlingsgemüse angerichtet. Davon bieten die Märkte inzwischen eine bunte Auswahl: zierliche Bundmöhren mit Grün, Baby-Fenchel, junge Steckrüben, zarte Erbsen und Dicke Bohnen, grüne und gelbe Bohnen. Hier werden mehrere Sorten zusammen gekocht, was gleichzeitig eine reichhaltige Brühe ergibt. Eine unkomplizierte Angelegenheit, bei der Sie nur die Garzeiten beachten müssen: Gemüse, das länger braucht, kommt als Erstes in den Topf.

Das Aïoli-Rezept ist als Erstes dran. Sobald das erledigt ist, bringen Sie in einem großen Topf die Brühe zum Kochen und geben den Fenchel hinein. Während die Knollen garen, was etwa 4 Minuten dauert, erhitzen Sie eine beschichtete Pfanne. Die Lachssteaks dünn mit Olivenöl einreiben, salzen und pfeffern und mit der Hautseite nach unten in die Pfanne legen – vorher können Sie nach Belieben noch einen Teil der Minze und des Basilikums in feine Streifen schneiden und in die Einschnitte stopfen. Nach 2 Minuten prüfen Sie, wie der Lachs von unten aussieht. Er sollte richtig schön knusprig werden und braucht dafür auf der Hautseite etwa 4 Minuten. Nach dem Wenden wird er von der zweiten Seite in 1 Minute fertig gebraten. Ob der Lachs gar ist, erkennen Sie auch daran, dass sich sein Fleisch farblich verändert.

Nachdem der Fenchel 4 Minuten im kochenden Wasser gelegen hat, die grünen und die Dicken Bohnen hinzufügen und 2 Minuten mitgaren. Inzwischen können Sie wahrscheinlich den Fisch wenden. Jetzt die Erbsen in den Topf werfen und das Gemüse noch 2 Minuten köcheln lassen. Zwischendrin nehmen Sie unbedingt die Pfanne mit dem Lachs vom Herd. Er braucht, wie gesagt, auf der zweiten Seite nur 1 Minute, und wenn er zu lange brät, ist das Beste dahin.

Das Gemüse auf vier Teller verteilen. Die Minze- und Basilikumblätter zerpflücken, über das Gemüse streuen und etwas von der heißen Brühe darüber gießen. Darauf den Lachs anrichten und mit einem großen Löffel Aïoli überziehen. Machen Sie sich auf einen Hochgenuss gefasst!

4 PORTIONEN

1 Rezeptmenge Aïoli (siehe Seite 203)

850 ml Hühner- oder Gemüsebrühe, leicht gewürzt

8 kleine Fenchelknollen, die Stiele abgeschnitten und das Grün beiseite gelegt

4 Lachssteaks, je 225 g, die Haut mehrmals eingeschnitten (siehe Seite 199)

1 kleine Hand voll frische Minze, die Blätter abgezupft

1 kleine Hand voll frisches Basilikum, die Blätter abgezupft

bestes Olivenöl

Meersalz und frisch gemahlener schwarzer Pfeffer

etwa 100 g frische grüne Bohnen, die Spitzen abgeschnitten

etwa 100 g enthülste Dicke Bohnen

etwa 100 g enthülste Erbsen

'Nachdem wir alles durchge-
sprochen hatten, machten
meine Mädels und Jungs
ganz locker ihre Aïolis.'

Aïoli

Aïoli ist eine Art Mayonnaise mit intensivem Aroma. Sie riecht umwerfend und ist dabei unheimlich variabel: Man kann sie in alle möglichen Geschmacksrichtungen ausbauen, zum Beispiel mit zerriebenem oder gehacktem Basilikum, Fenchelgrün, Dill oder gerösteten Nüssen. Grandios schmeckt sie auch, wenn man Zitronenschale und -saft einrührt. Normalerweise wird sie kräftig gewürzt und als Geschmacksturbo für Fischtöpfe und ähnliche Gerichte verwendet. Dass ich hier ein stark aromatisches, leicht pfefferiges Olivenöl mit einer milderen Sorte kombiniere, hat einen einfachen Grund: So ergibt sich ein wunderbar abgerundeter Geschmack.

Den Knoblauch mit 1 TL Salz im Mörser mit einem Stößel – ersatzweise auch in einer Metallschüssel mit einem Holzstampfer – fein zerreiben. Das Eigelb und den Senf in einer Schüssel mit dem Schneebesen zusammenrühren. Jetzt kommt das Öl dazu – und zwar anfangs immer in ganz kleinen Mengen und, nachdem Sie ein Viertel (am besten beide Ölsorten vorher mischen) eingerührt haben, in größeren Mengen. Sobald eine glatte Sauce entstanden ist, in der Konsistenz wie Mayonnaise, wird die Aïoli mit dem Knoblauch, Zitronensaft und eventuell noch weiteren Zutaten (siehe oben) aromatisiert. Mit Salz und Pfeffer abschmecken, vielleicht noch mit etwas mehr Zitronensaft abrunden – und das war's auch schon.

Tipp: Aïoli ist nicht nur eine klassische Ergänzung zu Lachs, sondern passt auch toll zu gebratenem Fisch, Huhn oder Schweinefleisch. Mit Zitrone oder Basilikum abgeschmeckt, schmeckt sie hervorragend zu Salaten, Fisch aller Art und Suppen mit Meeresfrüchten.

8 PORTIONEN
½ Knoblauchzehe, geschält
Meersalz und frisch gemahlener schwarzer Pfeffer
1 großes Eigelb
1 TL Dijon-Senf
250 ml bestes Olivenöl
250 ml einfaches Olivenöl
Zitronensaft nach Geschmack

Hühnerleberparfait

Eigentlich ein Klassiker, aber immer wieder gut und dabei schnell, preiswert und einfach in der Zubereitung. Sie sollten unbedingt mal einen Versuch starten!

Zunächst muss die Butter geklärt werden. Dafür in einer hitzebeständigen Schüssel 150 g der Butter im Backofen bei 110 °C langsam schmelzen. Wenn sich Milchrückstände und Wasser abgesetzt haben, das klare Butterfett vorsichtig durch ein Sieb in ein anderes Gefäß gießen und beiseite stellen (die trüben Rückstände in der Schüssel werfen Sie weg).

In einer größeren Pfanne etwas Olivenöl erhitzen. Die Zwiebel und den Knoblauch in 5 Minuten bei sanfter Hitze weich dünsten, anschließend auf einen Teller geben und die Pfanne mit Küchenpapier auswischen. Bei höherer Temperatur 1 kleinen Schuss Olivenöl hineingießen und die Hühnerlebern mit dem Thymian in einer Lage braten, bis sie leicht gebräunt, aber im Kern noch etwas rosa sind. Braten Sie sie auf keinen Fall zu lange, sonst verlieren sie ihre weiche Konsistenz und werden körnig. Mit dem Weinbrand übergießen und den Alkohol 1 Minute köcheln lassen. (Falls Sie mit einem Gasherd arbeiten, können Sie den Weinbrand auch flambieren. Die Pfanne vom Herd nehmen und die Hühnerlebern zusammen mit der Zwiebel und dem Knoblauch in der Küchenmaschine fein pürieren. Die restliche Butter untermixen (Momentschalter) und die Mischung zuletzt kräftig mit Salz und Pfeffer abschmecken. Ich streiche sie jetzt meist noch zweimal durch ein feines Sieb, bevor ich sie dann in kleine Servierschalen fülle.

Die Salbeiblätter in etwas heißem Olivenöl knusprig braten, auf Küchenpapier abtropfen lassen und über das Parfait streuen. Anschließend die geklärte Butter gleichmäßig darüber verteilen – sie soll eine durchgehende Schicht bilden. Das Parfait muss jetzt 1 Stunde im Kühlschrank ruhen. Es schmeckt zwar dann schon hervorragend, aber wenn Sie einige Tage warten können, entfalten sich die Aromen erst recht – bei mir zu Hause klappt das allerdings nie, es muss meist schon vorher dran glauben ... Das Parfait hält sich mindestens 2 Wochen, solange es durch die Butter komplett versiegelt ist.

Varianten: Auch Enten- und Kaninchenleber eignen sich für dieses Rezept, das sich außerdem mit verschiedenen Kräutern und Alkoholsorten abwandeln lässt.

6 PORTIONEN
400 g weiche Butter
Olivenöl
1 Zwiebel, geschält und fein gehackt
2 Knoblauchzehen, fein gehackt
450 g Hühnerleber, küchenfertig vorbereitet
1 kleines Bund frischer Thymian, die Blättchen abgezupft und gehackt
1 großes Weinglas Weinbrand
Meersalz und frisch gemahlener schwarzer Pfeffer
einige frische Salbeiblätter

Hühnerbrust in Polentakruste mit Kartoffel-Mais-Püree, gebratenen Bananen und Tomaten-Relish

Mir spukten gerade grüne Tomaten, Maiskolben und Yamwurzeln im Kopf herum, als mir die Idee zu diesem Snack fürs Abendessen kam. Er verbindet karibische Einflüsse mit Elementen der Küche von New Orleans.

Für das Püree die Maiskolben mit der Spitze schräg auf die Arbeitsfläche stützen und die Körner mit einem kräftigen Messer abschaben. Die Kartoffeln in Salzwasser gar kochen, danach abgießen. Mit der Milch und den Maiskörnern in den noch heißen Topf füllen und das Ganze leicht salzen und pfeffern. Erneut zum Kochen bringen, danach den Herd abschalten. Die Frühlingszwiebeln in den Topf werfen, alles mit einem Kartoffelstampfer zerdrücken, mit Salz und Pfeffer abschmecken und warm stellen.

Für das Relish den Essig mit dem Zucker und den Schalottenscheiben in einem Topf zum Kochen bringen und auf die Hälfte einkochen lassen. Die Tomatenstückchen einrühren und, sobald sie richtig durchgewärmt sind, den Topf vom Herd nehmen. Mit Salz und Pfeffer würzen und das Olivenöl einrühren. Die Kräuter kommen erst kurz vor dem Servieren dazu.

Die Hühnerbrustfilets der Länge nach zweimal so durchschneiden, dass die Streifen an einem Ende noch zusammenhängen. Als Nächstes brauchen Sie drei tiefe Teller. Im ersten vermengen Sie das Mehl mit den Gewürzen, im zweiten verquirlen Sie die Eier mit einer Gabel und in dem dritten verteilen Sie die Polenta. Alle drei Teller nebeneinander aufstellen. Die Filets einzeln zunächst im Mehl wälzen und den Überschuss abschütteln, dann ins Ei tauchen und zuletzt in der Polenta wenden. Jetzt sind sie mit einer dicken Kruste überzogen.

Eine große Pfanne erhitzen und die Hühnerbrustfilets in 2 EL Butter auf jeder Seite etwa 5 Minuten sanft braten. Wenn sie außen goldbraun und innen richtig gar sind, aus der Pfanne nehmen und warm stellen. Die Bananen schälen und längs halbieren. Noch etwas Butter in der Pfanne zerlassen und die Bananen weich und goldbraun braten.

Auf einzelne Teller jeweils eine Portion Püree häufen. Eine Bananenhälfte und darauf ein Hühnerbrustfilet anrichten. Die Petersilie und Minze in das Relish einrühren und 1 großen Löffel davon auf jedes Hühnerbrustfilet geben.

4 PORTIONEN

4 Hühnerbrustfilets, die Haut entfernt

200 g Weizenmehl

1 EL gemahlener Piment

1 TL gemahlener Zimt

1 TL Chilipulver

2 Eier

200 g Polenta (Maisgrieß)

2-3 EL Butter

2 Bananen

Für das Püree

4 frische Maiskolben

8 mittelgroße Kartoffeln, geschält

Meersalz und frisch gemahlener schwarzer Pfeffer

250 ml Milch

1 Bund Frühlingszwiebeln, in feine Scheiben geschnitten

Für das Relish

100 ml Essig

2 TL Zucker

2 Schalotten, geschält und in Scheiben geschnitten

400 g grüne oder rote Tomaten, gehackt

6 EL bestes Olivenöl

2 Hand voll frische glatte Petersilie, gehackt

2 Hand voll frische Minze, gehackt

Pommes frites

Das Rezept für Pommes musste ich unbedingt in das Buch aufnehmen, denn ich esse sie einfach für mein Leben gern. Richtig zubereitet, sind sie außen knusprig und innen wunderbar weich und saftig. Da kann ich wirklich nicht widerstehen – und am allerliebsten vergreife ich mich an den Pommes von jemand anderem.

Um Pommes so hinzukriegen, wie es sich gehört, muss man einiges beachten. Vor allem brauchen Sie geeignete Kartoffeln, in diesem Fall eine vorwiegend fest kochende Sorte. Ob Sie sie schälen oder auch nicht, entscheiden Sie selbst. Man schneidet sie erst in 1 cm dicke Scheiben und diese dann in 1 cm breite Stäbchen. Ich erinnere mich noch gut daran, wie ich mit sieben Jahren vom Küchenjungen zum Kartoffelstäbchenschneider befördert wurde. Vorher musste ich die Abfalleimer auswaschen, spülen und Gemüse putzen, und dann kam der große Aufstieg. Buchstäblich sogar, denn ich musste mich auf eine Bierkiste stellen, um meinen neuen Job ordentlich machen zu können. Nach dem dritten Sack Kartoffeln hat man schon ein ganz schönes Tempo drauf, das ist klar! Wichtiger als Schnelligkeit ist aber die Sicherheit. Deshalb schneiden Sie erst eine 1 cm dicke Scheibe ab und legen die Kartoffel dann auf die flache Seite. So kann sie nicht mehr herumrutschen. Jetzt schnippeln Sie weiter, wie oben schon beschrieben. Die Kartoffelstäbchen waschen, um die klebrige Stärke zu entfernen, und mit Küchenpapier vollständig abtrocknen.

Füllen Sie die Fritteuse oder den Frittiertopf zur Hälfte mit reinem Sonnenblumenöl, das Sie auf 150 °C erhitzen. Falls Sie kein Fettthermometer besitzen, tauchen Sie zur Probe ein Kartoffelstäbchen im Frittierkorb ins Öl. Wenn es leicht vor sich hin knistert, ist alles in Ordnung. Die Kartoffelstäbchen müssen zum Frittieren wirklich richtig trocken sein. Geben Sie eine kleinere Portion in den Korb, den Sie dann langsam im Öl versenken. Achten Sie darauf, ob die Temperatur noch immer stimmt, also weder zu hoch, noch zu niedrig ist. Die Kartoffeln werden jetzt erst einmal vorfrittiert, wobei sie keine Farbe annehmen dürfen. Sobald sie sich mühelos einstechen lassen, heben Sie sie aus dem Fettbad und lassen sie gut abtropfen. Falls sie erst später serviert werden sollen, verteilt man sie nun locker auf Pergament- oder Backpapier, wo sie bis zum eigentlichen Frittieren bleiben.

Ansonsten erhitzen Sie das Öl jetzt gleich auf 180 °C (die Temperatur ist erreicht, wenn ein Probeexemplar rasch bräunt). Die Kartoffeln im Korb erneut vorsichtig im Öl versenken, bis sie goldbraun und knusprig sind. Gründlich abtropfen lassen und mit Meersalz würzen. Noch fantastischer schmecken sie, wenn man sie mit einem der aromatisierten Salze von Seite 244 bestreut. Pommes in rauen Mengen herzustellen ist keine gute Idee, da sollte man lieber zur Imbissbude gehen. Aber natürlich sind sie selbst gemacht am besten.

Varianten: Auch Pastinaken, Süßkartoffeln und Butternusskürbis lassen sich wie Pommes frites zubereiten. Sie geraten zwar nicht so knusprig, schmecken aber trotzdem verdammt gut.

'Gestern noch eine Schlagzeile, heute schon eine Pommestüte.'

BRATEN, SCHMOREN UND ANBRATEN

BRATEN IM OFEN

Von allen Garmethoden gefällt mir diese fast am besten. Fleisch, Fisch, Geflügel und Gemüse werden erst mit Öl und würzenden Zutaten eingerieben, bevor man sie dann der trockenen Ofenhitze aussetzt, die von oben und unten abgegeben und bei Umluftherden sogar von allen Seiten herbeigewirbelt wird. So wird alles herrlich aromatisch und saftig. Ein großes Plus dieser Methode besteht auch darin, dass sie sich für ein einzelnes Kotelett genauso eignet wie für ein Huhn, einen Lammrücken oder sogar ein Spanferkel im Ganzen (siehe Seite 236).

Das Braten im Ofen erfordert nicht unbedingt teure Fleischstücke wie Filet oder Lende. Auch Schulter oder Bauchfleisch vom Schwein oder Lamm, die sonst meist geschmort, zu Wurst oder Hackfleisch verarbeitet werden, gelingen hervorragend, wenn man sie bei milderer Hitze und dafür etwas länger brät.

SCHMOREN IM OFEN

Vor allem zähere Fleischstücke, die eine lange Garzeit benötigen, werden auf diese Weise zubereitet. Tatsächlich eignet sich diese Methode aber auch für feineres Fleisch oder delikaten Fisch, die natürlich kürzer geschmort werden. Das Stück sollte eher groß sein, ungefähr für acht Personen. Das gewürzte Fleisch wird in einem nicht zu weiten Topf oder Bräter auf dem Herd angebraten und kommt dann auf grob zerkleinertem Gemüse in den Ofen. Etwas Brühe oder Alkohol dazugießen. Durch mehrmaliges Beschöpfen mit der Flüssigkeit entwickeln die Zutaten während des Schmorens ein besonders intensives Aroma und schmecken wundervoll saftig. Nebenbei erhält man eine klasse Sauce.

ANBRATEN AUF DEM HERD

Ganze Fische und Federwild, aber auch kleinere Fleischstücke profitieren davon, wenn sie zunächst auf dem Herd mit schöner Farbe angebraten werden, bevor man sie dann im Ofen fertig brät.

Enten–Confit auf italienische Art

Als »Confit« bezeichnet man in reichlich Fett und Salz konservierte Fleischstücke. Hier sind es Entenkeulen, deren Fleisch butterzart und saftig und deren Haut unglaublich knusprig wird. Anschließend lassen sie sich im Kühlschrank oder in der Speisekammer drei bis vier Monate aufbewahren. Am besten sind sie in einem sterilisierten Einmachglas oder Steinguttopf aufgehoben, aber ich habe, ehrlich gesagt, auch schon Gefrierdosen verwendet. Enten- oder Gänsefett bekommen Sie in einer guten Metzgerei.

Die Zutaten für die Marinade im Mörser zerstoßen (Sie können diesen Arbeitsschritt auch in einer Metallschüssel mit einem Holzstampfer erledigen) und die Entenkeulen damit einreiben. So lässt man sie über Nacht ruhen, damit die Aromen gut ins Fleisch eindringen können und ihm gleichzeitig alle überschüssige Feuchtigkeit entzogen wird.

Den Backofen auf etwa 170 °C vorheizen. Die Rückstände der Marinade abrubbeln und die Entenkeulen nebeneinander in einen Topf mit schwerem Boden oder einen Bräter legen, den sie möglichst komplett ausfüllen sollten. Das Fett hinzufügen und den Topf/Bräter in den vorgeheizten Ofen schieben, in dem Sie die Entenkeulen etwa 2 Stunden garen. Dabei werden sie regelmäßig mit dem Fett übergossen, wodurch das Fleisch zart und die Haut schön kross wird. Den Rosmarin, die Lorbeerblätter, die Wacholderbeeren und die Pfefferkörner 5 Minuten vor Ende der Garzeit dazugeben – länger brauchen sie nicht, um knusprig zu werden.

Den Topf/Bräter aus dem Ofen nehmen, die Entenkeulen etwas abkühlen lassen und anschließend mit den Gewürzen in ein sterilisiertes Gefäß füllen. Mit dem flüssigen Fett übergießen; sieben Sie es möglichst vorher ab. Das Gefäß verschließen und, nachdem es abgekühlt ist, in den Kühlschrank stellen.

Jetzt können Sie jederzeit ans Eingemachte gehen. Nehmen Sie einfach so viele Entenkeulen heraus, wie Sie brauchen, und schieben Sie sie in einem Bräter in den auf 250 °C vorgeheizten Ofen. Nach etwa 20 Minuten ist die Haut unglaublich knusprig und das Fleisch fällt fast von selbst vom Knochen.

Tipp 1: Der gebratene Radicchio (siehe Seite 214) ist eine perfekte Ergänzung.

Tipp 2: Schieben Sie ganze Zwiebeln zwischen die Entenkeulen. Durch die milde Hitze werden sie ganz weich.

8 PORTIONEN
8 große Entenkeulen

2 kg Enten- oder Gänsefett, zerlassen (ersatzweise Schmalz)

1 Hand voll frischer Rosmarin, die Blättchen abgezupft

10 frische Lorbeerblätter

1 EL getrocknete Wacholderbeeren

1 EL Pfefferkörner

Für die Trockenmarinade
8 EL grobes Meersalz

1 kleines Bund frischer Thymian, die Blättchen abgezupft

10 frische Lorbeerblätter

1 kleine Hand voll getrocknete Wacholderbeeren

abgeriebene Schale von 2 unbehandelten Orangen

Gebratener Radicchio

In England hat Radicchio, der ja leicht bitter schmeckt, nicht viele Anhänger; und ihn im Ofen zuzubereiten kommt den meisten hier schon gar nicht in den Sinn. Bei den Italienern und Franzosen dagegen sind vor allem der Radicchio di Treviso mit seinen auffallend langen, schmalen Blättern, aber auch die anderen Formen und ebenso Endivie und Chicorée – beides Verwandte des Radicchio – als Gemüse durchaus üblich. Je nachdem, welche Kräuter, Gewürze und weiteren aromatischen Zutaten man verwendet, schmeckt Radicchio immer wieder etwas anders, beispielsweise leicht süßlich, eher säuerlich oder auch rauchig. Hier ein Rezept der Extraklasse! So zubereitet, können Sie ihn warm mit frischen Blattsalaten kombinieren, als Beilage zu Fisch und Fleisch servieren oder auch gehackt unter Risottos und Pastagerichte mischen. Nehmen Sie nicht gerade den teuersten Balsamico-Essig, da Sie viel davon brauchen.

Den Backofen auf 190 °C vorheizen. Den Radicchio längs vierteln. Achten Sie dabei darauf, dass an jedem Viertel ein Teil des Strunks bleibt, sodass die Blätter noch zusammenhängen. Den Knoblauch mit dem Thymian fein zerreiben – am besten erledigen Sie das im Mörser mit einem Stößel oder auch in einer Metallschüssel mit einem Holzstampfer. Diese Paste mit etwa 6 EL bestem Olivenöl verrühren, leicht salzen und pfeffern. Die Mischung so über dem Radicchio verteilen, dass sie auch zwischen die Blätter läuft. Jedes Radicchio-Viertel mit einer Speckscheibe umwickeln, wobei der Strunk aber frei bleiben sollte, damit er anschließend richtig der Ofenhitze ausgesetzt ist und gart. Die zarten Blätter werden dagegen durch den Speck geschützt und nehmen ein fantastisches Raucharoma an. Den Radicchio in einer Lage in einen nicht zu großen Bräter oder eine ofenfeste Form füllen und mit dem Essig beträufeln. Im vorgeheizten Ofen 25–30 Minuten braten, bis die Blätter weich sind und der Speck knusprig ist.

4 PORTIONEN

2 Köpfe Radicchio, die äußeren Blätter entfernt

1 Knoblauchzehe, geschält

1 kleines Bund frischer Thymian

bestes Olivenöl

Meersalz und frisch gemahlener schwarzer Pfeffer

8 Scheiben durchwachsener Frühstücksspeck (Bacon)

10 EL Balsamico-Essig (preiswert)

Forelle aus dem Ofen mit Artischocken, Mandeln und Minze

Als Kind habe ich oft mit meinem Großvater Forellen geangelt. Sobald wir genug gefangen hatten, gingen wir gleich zurück zu seinem Pub und haben die Fische mit etwas Butter gegrillt. Damals habe ich sie am liebsten einfach mit Zitronensaft beträufelt gegessen, dazu gab es Bratkartoffeln mit Zwiebeln. Das Foto rechts kam mit einem kapitalen Siebenpfünder zustande, aber genauso gelingt das Rezept mit kleineren Forellenfilets und übrigens auch mit Lachsforelle oder Lachs. Überlassen Sie das Schuppen, Ausnehmen und Filetieren dem Fischhändler.

Den Backofen auf 220 °C vorheizen. Ein tiefes Backblech dünn mit Olivenöl einstreichen, 4 Forellenfilets mit der Hautseite nach unten darauf legen und einige kurze Stücke Küchengarn unterschieben. Die Mandeln im Ofen in einigen Minuten leicht anrösten und im Mörser (oder in einer Metallschüssel mit einem Holzstampfer) zerstoßen – sie sollten teils fein, teils nur grob zerkleinert sein. Die Minzeblätter zerrupfen. Das Ciabatta entrinden und mit einem Messer zu Bröseln zerkleinern. Mandeln, Minze, Brösel, Zitronenschale, Knoblauch und Artischocken mit 5 EL Olivenöl sowie reichlich Salz und Pfeffer in einer Schüssel vermengen. Gut 1 Hand voll der Mischung auf jedem Filet verteilen. Die restlichen 4 Filets mit der Hautseite nach oben darauf legen und mit einem Speckstreifen bedecken. Die Pakete mit Küchengarn zusammenbinden und mit einem Speckstreifen bedecken. Mit Thymian bestreuen. Was von der Füllung noch übrig ist, verteilen Sie rings um die Filets.

Die Forellen im Ofen auf der mittleren Schiene etwa 15 Minuten braten, bis sie goldbraun und knusprig sind. Die Crème fraîche salzen, pfeffern und mit etwas Zitronensaft verrühren. Die Forellenfilets – das Küchengarn vorher entfernen – anrichten, mit der Crème fraîche besprenkeln und dazu einen grünen Salat servieren. Jeder bekommt auf seinen Teller eine Zitronenhälfte, die er über den Fisch ausdrücken kann.

4 PORTIONEN

- bestes Olivenöl
- 8 Forellenfilets, je 200 g
- 1 gute Hand voll Mandeln, blanchiert und enthäutet
- 1 Bund Minze, Blätter abgezupft
- 1 Ciabatta, vom Vortag
- abgeriebene Schale und Saft von 2 unbehandelten Zitronen
- 1 Knoblauchzehe, geschält und fein gehackt
- 16 eingelegte Artischockenherzen, abgetropft und in Scheiben geschnitten
- Meersalz und schwarzer Pfeffer
- 4 Scheiben durchwachsener Frühstücksspeck (Bacon)
- 1 kleine Hand voll frischer Thymian, die Blättchen abgezupft
- 5 EL Crème fraîche oder Frischkäse

Langsam gebratene Tomaten mit Lauchzwiebeln und Basilikum

Abgesehen davon, dass dieses Gericht unverschämt gut schmeckt, ist es auch lässig, kinderleicht und macht dabei eine Menge her. Nehmen Sie die besten Tomaten, die sie finden können –Eiertomaten haben oft das kräftigste Aroma. Außerdem sollten Sie sich aufgrund der Menge, die hier gebraucht wird, einen preiswerten Balsamico-Essig zulegen.

Den Backofen auf 170 °C vorheizen. Die Tomaten auf der unteren Seite kreuzweise einritzen. Den Boden einer hitzebeständigen Keramikform, in der die Tomaten dicht gepackt gerade Platz haben, gleichmäßig mit dem Knoblauch und dem Basilikum bestreuen. Die Tomaten mit den Einschnitten nach oben dicht an dicht auf die aromatische Unterlage setzen und in jede ein Lorbeerblatt stecken. Kräftig salzen und pfeffern. Die Lauchzwiebeln auf ein Schneidbrett legen, ebenfalls großzügig mit Salz und Pfeffer bestreuen und mit einem Nudelholz darüber rollen. Dadurch werden die Gewürze gut in die Lauchzwiebeln gedrückt und deren Fasern geschmeidig und gelockert. Das ist wichtig, weil Sie sie jetzt zwischen die Tomaten und um sie herum drapieren. Nun noch das Ganze mit dem Essig übergießen, mit dem Öl beträufeln und dann im vorgeheizten Ofen 1 Stunde braten. Vor dem Servieren ziehen Sie die Lorbeerblätter wieder heraus.

Tipp: Super schmecken die gebratenen Tomaten als Gemüsegericht oder als Zutat in einem warmen Salat. Aber man kann sie auch gut als Basis für eine Suppe verwenden, für eine Sauce pürieren oder, grob zerkleinert, mit Pasta vermischen.

4 PORTIONEN
12 Eiertomaten

4 Knoblauchzehen, geschält und in feine Scheiben geschnitten

1 Hand voll frisches Basilikum, die Blätter abgezupft und zerpflückt

12 frische Lorbeerblätter

12 Lauchzwiebeln, geputzt und gewaschen

Meersalz und frisch gemahlener schwarzer Pfeffer

200 ml Balsamico-Essig (preiswert)

2 EL bestes Olivenöl

Auf geraspelten Kartoffeln gebratenes Huhn mit würzig duftender Couscous-Füllung

Als sich kürzlich meine Schwiegermutter zum Abendessen angesagt hatte, ließ ich mir dieses Gericht einfallen. Ich hatte etwas Bammel, ob es so funktionieren würde, wie ich mir das ausgedacht hatte. Tatsächlich klappte alles bestens – zumal ich ein strammes Bio-Huhn besorgt und für die Couscous-Füllung ausgefallenes Trockenobst gefunden hatte: Blaubeeren, rote Johannisbeeren, Walderdbeeren und Kirschen. Davon nahm ich jeweils eine kleine Hand voll. Datteln und Aprikosen hätten auch noch gut gepasst, aber das wäre zu viel geworden.

Den Backofen auf 190 °C vorheizen.

Den Couscous, die Schalen und den Saft der Zitrusfrüchte, das Trockenobst, die Nüsse und den Hauptanteil der Kräuter in eine Schüssel füllen. Einige EL Olivenöl und 1 Glas warmes Wasser zufügen und die Zutaten vermengen. Die Kartoffeln und Süßkartoffeln grob in eine Schüssel raspeln. Sämtliche Gewürze mit dem Salz im Mörser zu feinem Pulver zermahlen.

Die Couscous-Mischung in das Huhn füllen und dabei fest zusammendrücken. Falls nicht alles hineinpasst, kommt der Rest unter die geraspelten Kartoffeln. Die zurückbehaltene Zitronenhälfte verwenden Sie als »Stöpsel«, der verhindert, dass die Füllung beim Braten wieder herausquillt. Das Huhn mit etwas Olivenöl und der Hälfte der Gewürzmischung einreiben, die zweite Hälfte mischen Sie ebenfalls unter die Kartoffeln. Ein tiefes Bratblech oder eine ofenfeste Kasserolle mit einigen EL Olivenöl ausstreichen. Die Kartoffelmischung einfüllen und flach drücken. Das Huhn darauf setzen und für 1½ Stunden in den Ofen schieben, nach ½ Stunde die Temperatur auf 170 °C herunterschalten.

Das Huhn aus dem Ofen nehmen, den »Stöpsel« entfernen und die Beschaffenheit der Couscous-Füllung überprüfen: Sie muss durch und durch heiß sein. Das Huhn noch 5 Minuten ruhen lassen und dann auf ein Schneidbrett legen. Einige Lagen Küchenpapier auf die Kartoffeln drücken, um das überschüssige Fett aufzusaugen, wieder abnehmen und wegwerfen. Das Huhn tranchieren und auf Tellern anrichten. Jede Portion erhält einen großen Löffel der Kartoffeln sowie ein Viertel der Couscous-Füllung und wird zuletzt mit der gehackten Petersilien-Minze-Mischung bestreut. Dazu gibt es etwas Crème fraîche oder saure Sahne.

4 PORTIONEN

150 g Couscous

abgeriebene Schale und Saft von 1 unbehandelten Orange

abgeriebene Schale und Saft von 1 unbehandelten Zitrone (1 Zitronenhälfte aufbewahren)

2 große Hand voll gemischtes Trockenobst (siehe oben)

2 Hand voll gemischte Nüsse (Walnüsse, Mandeln, Pistazien und Pinienkerne), zerstoßen

1 große Hand voll frische Minze und Petersilie, gemischt und grob gehackt, und etwas mehr zum Servieren

bestes Olivenöl

2 große Kartoffeln, geschält

3 große Süßkartoffeln, geschält

1 TL Fenchelsamen

1 TL Koriandersamen

½ TL gemahlener Zimt

½ TL Kreuzkümmelsamen

2 Kardamomkapseln

1 TL schwarze Pfefferkörner

1 TL Meersalz

1 Bio-Huhn (etwa 1,4 kg)

Crème fraîche oder saure Sahne

1. Eine zu dicke Fettauflage in gleichmäßigen Abständen einschneiden und ablösen.

2. Das Fleisch rundum anbraten.

3. Mit einem Teil der gewürzten Butter bestreichen.

4. Die Äpfel ringsum einritzen und das Kerngehäuse herausschneiden.

5. Die Würzbutter in die Äpfel füllen ...

6. ... bis alle entsprechend vorbereitet sind und mit der Öffnung nach unten in den Bräter kommen.

7. Das Gemüse hinzufügen und das Fleisch darauf legen.

8. Den Braten vor dem Aufschneiden 5 Minuten ruhen lassen.

Schweinebraten mit Pastinaken und gefüllten Äpfeln

Wie so oft war ich mal wieder in Experimentierlaune. Ich wollte den langweiligen alten englischen Schweinebraten mit Apfelkompott neu erfinden. Kurzerhand packte ich alle Zutaten in einen Bräter, und was dabei herauskam, schmeckte absolut umwerfend!

6 PORTIONEN
1/2 Kotelettstrang am Stück (von der Lende)
6 große Pastinaken, geschält und der Länge nach zerteilt
6 kleine rote Zwiebeln, geschält
Meersalz und frisch gemahlener schwarzer Pfeffer
2 Hand voll frischer Salbei, die Blätter abgezupft
1 gehäufter TL gemahlener Piment
1/2 Muskatnuss, frisch gerieben
2 Knoblauchzehen, geschält
abgeriebene Schale von 1 unbehandelten Orange
150 g weiche Butter
6 gute Tafeläpfel

Den Backofen auf 220 °C vorheizen. Manchmal hat Schweinefleisch eine extrem dicke Fettauflage, die einfach nie kross werden kann. Lassen Sie sie vom Metzger in Abständen von 1 cm durchschneiden und dann so ablösen, dass noch eine etwa 5 mm dicke Fettschicht auf dem Fleisch verbleibt. Diese wird rautenförmig eingeschnitten und sorgt dafür, dass der Braten saftig bleibt und herrlich knusprig wird. Fleisch und Fettschicht kräftig salzen und pfeffern und in einem Bräter in den Ofen schieben. Das Fett braucht etwa 15–20 Minuten, bis es richtig kross ist; sollte das Fleisch schon früher rundum ausreichend angebraten sein, nehmen Sie es vorab aus dem Ofen. Gleichzeitig werden die Pastinaken und Zwiebeln in kochendem Salzwasser etwa 5 Minuten vorgegart und abgegossen.

Salbei, Piment, Muskatnuss, Knoblauch und Orangenschale sowie 1 kräftige Prise Salz und Pfeffer im Mörser (alternativ auch in einer Metallschüssel mit einem Holzstampfer) fein zerreiben. In einer Schüssel mit der Butter gründlich vermischen. Die Äpfel auf halber Höhe ringsum einritzen, damit sie beim Backen nicht aufplatzen. Die Kerngehäuse mit einem Gemüseschäler tief herausschneiden, ohne aber das Fruchtfleisch am Stielansatz zu durchstoßen. Die Äpfel mit der gewürzten Butter füllen – was davon übrig bleibt, verstreichen Sie auf dem Fleisch – und mit der Öffnung nach unten in den Bräter setzen. Dazu kommt das vorgegarte Gemüse und obenauf das Fleisch. Alles zunächst 1/2 Stunde im Ofen braten, dann das Fleisch kurz auf einen Teller legen und das Gemüse vorsichtig mit dem köstlichen Fond vermischen (die Äpfel rühren Sie dabei möglichst nicht an). Das Fleisch wieder zufügen und bei 180 °C eine weitere 1/2 Stunde braten, bis es schön gebräunt ist. Aus dem Ofen nehmen und 5 Minuten ruhen lassen. Die Äpfel und das Gemüse bleiben noch im inzwischen abgeschalteten Ofen.

Den Braten aufschneiden und mit den Äpfeln und dem Gemüse auf einzelnen Tellern anrichten.

Tipp: Dazu passt ein gedämpftes Blattgemüse, das Sie kurz in dem köstlichen Bratfond schwenken können.

Ente aus dem Ofen mit gebratenem Gemüsepüree

Sie denken, Ente sei viel zu fett ... Damit liegen Sie gar nicht so falsch. Aber bei diesem Rezept gibt sie etwa 95 Prozent von ihrem Fett ab (das Ihnen dann übrigens bei anderer Gelegenheit zu den köstlichsten Bratkartoffeln verhilft, die man sich vorstellen kann).

Den Backofen auf 200 °C vorheizen.

Im Mörser oder auch in einer Metallschüssel mit einem Holzstampfer den Thymian mit dem Salz zerstoßen. Die Ente innen und außen damit einreiben, anschließend umbinden, wie auf Seite 228 beschrieben. In einen Bräter setzen, mehrmals einstechen – durch die kleinen Löcher kann das Fett ablaufen – und etwa 2½ Stunden im vorgeheizten Ofen braten. Dabei zwei- bis dreimal das Fett abschöpfen, sodass sich am Ende fast nur noch Fleischsaft im Topf befindet.

Inzwischen in einem großen Topf etwas gesalzenes Wasser zum Kochen bringen und die Steckrüben 10 Minuten garen. Die Möhren und Kartoffeln zufügen und den Topf vom Herd nehmen, sobald das Gemüse weich ist. Abseihen und zerstampfen, vorher aber noch kurz abdampfen lassen, damit das Püree nicht zu feucht wird.

Für die Sauce etwas Olivenöl in einem Topf erhitzen. Die Zwiebel und den Knoblauch mit dem Thymian in etwa 3 Minuten weich braten, dann mit dem Weinbrand übergießen. Falls Sie mit einem Gasherd kochen, entzünden Sie doch den Alkohol und lassen ihn kurz abbrennen. Die Tomaten zufügen und 20 Minuten köcheln lassen, bis sich eine dicke Sauce bildet, die Sie zuletzt mit einem Spritzer Weißweinessig sowie Salz und Pfeffer abschmecken.

Ob die Ente fertig ist, erkennen Sie an der knusprigen Haut und daran, dass sich das Schenkelfleisch mühelos einstechen lässt und dabei klarer Fleischsaft austritt. Legen Sie die Ente auf einen Teller und lassen Sie sie an einem warmen Platz ½ Stunde ruhen. Das überschüssige Fett aus dem Bräter abschöpfen, etwas Wasser in den Bräter gießen, den klebrigen Bratensatz loskratzen und in die Sauce rühren; mit Salz und Pfeffer abschmecken. Während sie weiter leise köchelt, die Butter in einer beschichteten Pfanne zerlassen und den Rosenkohl oder Wirsing 3 Minuten darin braten. Das Püree untermischen, alles flach drücken, mit Salz und Pfeffer würzen und minütlich durchrühren, bis das Ganze eine goldbraune Farbe annimmt. Auf einzelnen Tellern anrichten. Die Ente tranchieren und auf jeden Teller ein Stück Brust und Keule legen. Zuletzt noch die Sauce darüber verteilen und servieren.

4 PORTIONEN (UND RESTE)

1 gute Hand voll frischer Thymian, die Blättchen abgezupft

2 EL Meersalz

1 Ente (etwa 2 kg)

300 g Steckrüben, geschält und gewürfelt

300 g Möhren, geschält und gewürfelt

600 g Kartoffeln, geschält und gewürfelt

100 g Butter

400 g fein gehackter Rosenkohl oder Wirsing

Für die Sauce
Olivenöl

1 mittelgroße Zwiebel, geschält und gehackt

2 Knoblauchzehen, geschält und fein gehackt

1 kleine Hand voll frischer Thymian, die Blättchen abgezupft

1 Weinglas Weinbrand

400 g ganze Dosentomaten

1 Spritzer Weißweinessig

Meersalz und frisch gemahlener schwarzer Pfeffer

GEFLÜGEL IN FORM BINDEN

Das Umbinden, im Fachjargon auch Dressieren genannt, sorgt dafür, dass Geflügel beim Garen schön in Form bleibt.

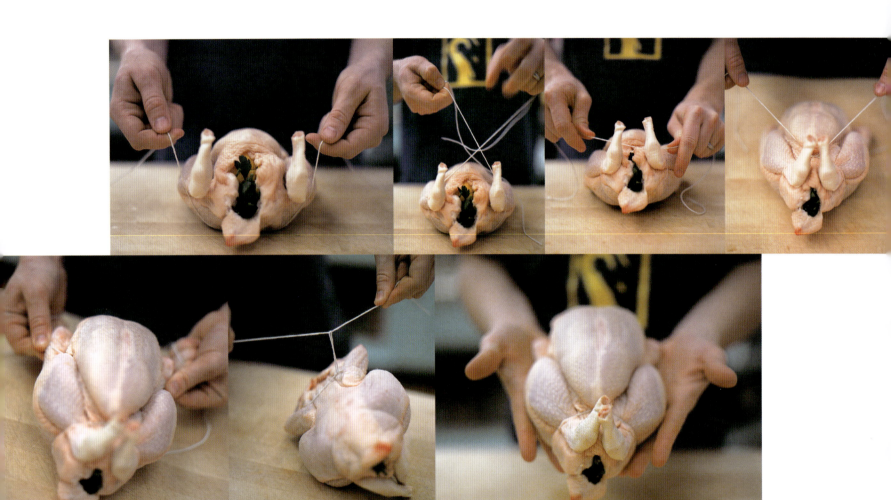

1. Ein Stück Küchengarn unter dem Rücken hindurch nach oben führen.

2. Einen doppelten Knoten machen ...

3. ... und die Garnenden fest anziehen.

4. Das Garn an der Brust entlang in Richtung Hals ...

5. ... und über die Flügel nach unten führen.

6. Das Geflügel umdrehen und die Garnenden zweimal verknoten.

7. Das formvollendete Ergebnis!

Gebratenes Perlhuhn mit Fenchel, Kartoffeln und Blutorangen

Wenn Sie keine Blutorangen bekommen, behelfen Sie sich mit saftigen Orangen oder probieren Sie das Rezept mit Mandarinen aus.

Trennen Sie als Erstes die Geflügelkeulen vom Rumpf ab, wie auf der rechten Seite unten gezeigt, denn sie brauchen eine längere Garzeit.

Für die Marinade den Knoblauch, die Fenchelsamen und jeweils die Hälfte des Rosmarins und des Thymians im Mörser zerstoßen. Den Gin, die Schale und den Saft der Orangen sowie 5 EL bestes Olivenöl unterrühren. Das Ganze zuletzt mit Pfeffer würzen, nicht mit Salz.

Sie brauchen jetzt einen größeren Gefrierbeutel (notfalls tut es auch ein stabiler Müllbeutel – er darf nur keine Löcher haben). Die Geflügelstücke in eine Ecke des Beutels packen, die Marinade dazugießen und den Beutel zuknoten, nachdem Sie vorher noch die gesamte Luft herausgedrückt haben. Das Ganze legen Sie nun in eine Schüssel oder auf einen großen Teller, und so kommt es für 1 Tag in den Kühlschrank; jedes Mal, wenn Sie gerade in der Nähe sind, drehen sie es um.

Und jetzt geht's richtig los. Den Backofen auf 250 °C vorheizen. Die Kartoffeln in kochendem Salzwasser etwa 5 Minuten vorgaren, den Fenchel dazugeben und weitere 5 Minuten garen, dann abgießen. Das Geflügel aus dem Kühlschrank nehmen, die Marinade abgießen, das Huhn auf ein Brett legen und mit Küchenpapier trockentupfen. Die Keulen in einem großen Bräter für 20 Minuten in den vorgeheizten Ofen schieben, herausnehmen und kurz auf einem Teller ablegen. Die Kartoffeln und den Fenchel mit dem restlichen Thymian und Rosmarin in den Bräter füllen und alles kräftig durchschütteln, sodass sich die Stücke mit dem Fett, das die Keulen abgegeben haben, vermischen. Die Keulen und auch die anderen Geflügelstücke mit der Brust nach oben in den Bräter legen und diesen nochmals für etwa 30 Minuten in den Ofen schieben. Sowohl die Brusthaut als auch die Kartoffeln sollen dabei goldbraun braten. Aus dem Ofen nehmen, die Oliven einstreuen und noch 5 Minuten ruhen lassen.

Das Geflügel in größere Stücke zerlegen und mit den Kartoffeln und dem Fenchel auf die Teller verteilen. Mit dem gehackten Fenchelgrün bestreuen.

Tipp: Beträufeln Sie das Ganze mit einem Dressing, das Sie aus dem Saft von 1 Blutorange und der gleichen Menge Olivenöl mischen.

4 PORTIONEN

2 Perlhühner, Fasane oder kleine Hühner je etwa 1,2 kg

1 Knoblauchknolle, geschält (einmal kräftig draufschlagen)

1 EL Fenchelsamen

1 kleine Hand voll frischer Rosmarin, die Blättchen abgezupft

1 kleine Hand voll frischer Thymian, die Blättchen abgezupft

1 Weinglas Gin

abgeriebene Schale und Saft von 5 unbehandelten Blutorangen

bestes Olivenöl

Meersalz und frisch gemahlener schwarzer Pfeffer

2 kg Kartoffeln, geschält und halbiert

2 große Fenchelknollen, geputzt und jeweils geachtelt (das zarte Grün nicht wegwerfen)

1 große Hand voll schwarze Oliven, entsteint

Geschmortes Rinderfilet mit Kartoffel-Meerrettich-Kuchen

Das Filet kräftig salzen und pfeffern. Von einem Viertel der Rosmarinzweige die Blättchen abstreifen und mit der geschälten Knoblauchzehe im Mörser zu einer Paste zerreiben. 5 EL Olivenöl einrühren und das Filet ringsum damit einreiben. Das Fleisch an vier Stellen mit Küchengarn umbinden, unter das Sie jetzt noch die restlichen Rosmarinzweige schieben. Sie schützen das Fleisch später vor der direkten Ofenhitze und geben ihm ein tolles Aroma.

Den Backofen auf 250 °C vorheizen. Die Kartoffelscheiben in sprudelndem Salzwasser etwa 5 Minuten vorkochen. In einen Durchschlag abgießen, anschließend in einer Schüssel mit so viel Olivenöl vermischen, dass alle Scheiben gleichmäßig überzogen sind, dann kräftig salzen und pfeffern. Am liebsten bereite ich den Kartoffelkuchen in einer eingefetteten oder beschichteten runden Backform zu. Genauso gut können Sie aber eine beschichtete Pfanne mit Metallgriff oder auch kleine Einzelformen nehmen (siehe Abbildung). Die Hälfte der Kartoffeln in die Form(en) oder Pfanne füllen, den Meerrettich darauf streichen, den Rest der Kartoffeln darüber verteilen und andrücken.

Das Filet in einem nicht zu großen Bräter anbraten, bis es ringsum schön gebräunt ist. Die ungeschälten Knoblauchzehen einfüllen und unter das Filet verteilen. Das Fleisch und – eine Etage tiefer – die Kartoffeln in den Ofen schieben. Nach 20 Minuten das Filet umdrehen und mit dem Fond beträufeln, den Rotwein und die Butter hinzufügen. Die Kartoffeln kurz herausnehmen, mithilfe eines sauberen Küchentuchs fest zusammenpressen und weitere 15–20 Minuten backen.

Ich serviere das Rindfleisch medium, also halb durch, aber vielleicht mögen Sie es ja mehr oder weniger durch. Nachdem Sie es aus dem Ofen genommen haben, sollte es noch 5 Minuten ruhen. Den Kartoffelkuchen lassen Sie bei Bedarf noch im Ofen. Küchengarn und Rosmarin vom Braten wegnehmen und das Filet in Scheiben schneiden.

Den Kartoffelkuchen auf ein Brett stürzen und in Portionen teilen (falls er angebacken ist, erledigen Sie das mit einem Löffel direkt in der Form oder Pfanne). Den aus dem Fleisch ausgetretenen Saft in den Bräter gießen, wo aus dem Rotwein und der Butter eine äußerst schmackhafte Sauce entstanden ist. Zerdrücken Sie die Knoblauchzehen und streiche Sie die Sauce durch ein Sieb direkt über das Fleisch.

Tipp: Genauso lässt sich ein Schweine- oder Rehfilet zubereiten.

4 PORTIONEN

900 g Rinderfilet am Stück, küchenfertig vorbereitet

Meersalz und frisch gemahlener schwarzer Pfeffer

2 Hand voll frische Rosmarinzweige

1 Knoblauchknolle, in einzelne Zehen geteilt, bis auf 1 nicht geschält

bestes Olivenöl

2 kg vorwiegend fest kochende Kartoffeln, geschält und in 5 mm dicke Scheiben geschnitten

3 gehäufte EL Meerrettich aus dem Glas

1/2 Flasche Rotwein

70 g Butter

Geschmorte Lammschulter mit gebackenem Butternusskürbis und süßen roten Zwiebeln

Eine Lammschulter, ein Butternusskürbis und einige rote Zwiebeln waren überfällig. Eigentlich keine besonders bemerkenswerte Geschichte, aber eine verflixt gute Kombination!

Den Backofen auf 190 °C vorheizen. Die Lammschulter, die Sie flach ausgebreitet haben, braucht als Erstes eine aromatische Würze. Dafür die Koriandersamen und die Rosmarinblättchen mit 1 Prise Salz zermahlen. Das Fleisch auf der Innenseite mit der Hälfte dieser Mischung einreiben, kräftig pfeffern und salzen, danach zusammenrollen und an vier, fünf Stellen mit Küchengarn zusammenbinden. Dabei ist wichtig, dass die Rolle gleichmäßig dick ist und nicht auseinander fallen kann.

Das Fleisch in einem Bräter oder auf einem tiefen Bratblech auf dem Herd in etwas Olivenöl von allen Seiten anbraten. Vom Herd nehmen und kurz abkühlen lassen. Die Zwiebeln in den Bräter füllen und in dem herzhaften Bratensaft wenden, dabei das Fleisch nur zur Seite schieben. Den Braten auf die Zwiebeln legen und in den vorgeheizten Ofen schieben. Nach ½ Stunde den Cranberry- oder Preiselbeersaft zugießen und die Temperatur auf 170 °C zurückschalten. Während der nächsten 1½ Stunden den Braten möglichst oft in der Schmorflüssigkeit wenden – nach insgesamt 2 Stunden sollte er außen knusprig und innen butterzart sein. Falls die Flüssigkeit zu stark einkocht, etwas Wasser ergänzen und eventuell ein passend zugeschnittenes Stück Pergamentpapier oder Alufolie auf den Braten legen – so erhalten Sie zum Schluss als Extra eine konzentrierte Sauce. Schöpfen Sie zwischendrin häufiger das Fett ab, das beim Schmoren aus dem Fleisch austritt.

Inzwischen reiben Sie die Kürbisviertel mit der restlichen Gewürzmischung ein, beträufeln sie mit etwas Olivenöl und legen sie auf ein Backblech. Kräftig salzen und pfeffern und in den Ofen schieben. Es dauert etwa eine ½ Stunde, bis der Kürbis schön weich ist.

Den fertigen Braten aus dem Ofen holen und 10 Minuten ruhen lassen, anschließend das Küchengarn entfernen. In einer Schüssel die Korianderblätter und Frühlingszwiebeln mit dem Zitronensaft und 4 EL Olivenöl anmachen, salzen und pfeffern.

Den Braten in unregelmäßige Scheiben schneiden, auf einzelnen Tellern anrichten und etwas von dem Schmorfond darüber schöpfen. Den Kürbis und die Zwiebeln daneben legen. Zuletzt mit dem angemachten Salat bestreuen und, wenn Sie wollen, noch einen Klecks Crème fraîche darauf setzen.

4-6 PORTIONEN

1 Lammschulter, ausgelöst und nicht gebunden

1 TL Koriandersamen

1 kleine Hand voll frischer Rosmarin, die Blättchen abgezupft

Meersalz und frisch gemahlener schwarzer Pfeffer

bestes Olivenöl

3 rote Zwiebeln, geschält und geviertelt

gut 550 ml Cranberry- oder Preiselbeersaft

2 Butternusskürbisse, geviertelt

1 kleine Hand voll frisches Koriandergrün, die Blätter abgezupft

4 Frühlingszwiebeln, geputzt und in feine Scheiben geschnitten

Saft von 1 Zitrone

6 EL Crème fraîche (nach Belieben)

Schweinebraten mit würziger Kräuterfüllung

Ein sensationelles Rezept! Sie können den Schweinebraten ganz normal warm genießen, aber auch kalt auf einem Büffet servieren oder für Sandwiches verwenden. Als ich das erste Mal in Italien unterwegs war, hielten wir an einem Imbisswagen am Straßenrand und aßen riesige »panini«, also Brötchen, prallvoll mit gebratenem Spanferkel und einer Art Salsa Verde, Salatblättern und ordentlich Senf.

Warum trauen Sie sich nicht einmal an ein ganzes gefülltes Spanferkel heran? Das bringt's bei einer Hochzeitsfeier oder einer Party total und macht zwölf Gäste glücklich! Ein guter Metzger kann Ihnen, wenn Sie rechtzeitig bestellen, ein solches Tier ohne weiteres besorgen. Die Füllungsmenge wird verdoppelt und in die Bauchhöhle gestopft, und natürlich verlängert sich auch die Garzeit. Wenn sich das Fleisch an Keule und Schulter vom Knochen löst, ist der Braten fertig.

Den Backofen auf 200 °C vorheizen.

Das Fleisch mit der Fettauflage nach oben auf die Arbeitsfläche legen und diese mit einem scharfen Messer gleichmäßig quer einschneiden – die Abstände und auch die Tiefe der Schnitte sollten etwa 1 cm betragen. Den Rosmarin und die Fenchelsamen mit 1 EL Salz im Mörser oder in einer Schüssel aus Metall mit einem Holzstampfer sehr fein zerstoßen und die Mischung in die Einschnitte reiben. Das Brot von der Kruste befreien und in Scheiben schneiden. Am liebsten röste ich es jetzt noch im Toaster oder unter dem Grill, das gibt der Füllung eine fantastisch rauchiges Aroma. Währenddessen können Sie schon die Zwiebeln mit dem Knoblauch, dem Salbei und den Pinienkernen in wenig Olivenöl in etwa 10 Minuten weich dünsten. Mit Salz und Pfeffer würzen, den Essig einrühren und ab damit in eine Schüssel. Das Brot in Stücke pflücken und so unter die Zwiebelmischung mengen, dass die Zwiebeln richtig in das Brot eindringen. Vielleicht braucht die Füllung noch etwas Salz und Pfeffer – probieren Sie! Danach muss sie abkühlen.

Ein langes, scharfes Messer am Filet ansetzen und dieses bis fast zum Rand lösen, aber nicht ganz ablösen (siehe Bildfolge rechts). Die Füllung fest auf die freie Fläche packen, das Filet wieder darüber legen und das Ganze an mehreren Stellen umbinden. Mit der Fettseite nach unten in einen Bräter oder auf ein Bratblech legen und im vorgeheizten Ofen etwas mehr als 1 Stunde braten, bis das Fleisch goldbraun und knusprig ist.

8-10 PORTIONEN

½ Kotelettstrang am Stück (von der Lende), ausgelöst

1 kleine Hand voll frischer Rosmarin, die Blättchen abgezupft

3 gehäufte EL Fenchelsamen

Meersalz und frisch gemahlener schwarzer Pfeffer

500 g Sauerteig- oder ein anderes deftiges Brot

2 rote Zwiebeln, geschält und in feine Scheiben geschnitten

3 Knoblauchzehen, geschält und in feine Scheiben geschnitten

1 kleine Hand voll frische Salbeiblätter, zerpflückt

1 Hand voll Pinienkerne

bestes Olivenöl

4 EL Balsamico-Essig

1. Das Messer am vorderen Rand des Filets ansetzen.

2. Das Filet bis zum Rand lösen, aber nicht ablösen.

3. Die Füllung fest auf die freie Fläche packen.

4. Den Braten in regelmäßigen Abständen mit Küchengarn umbinden, sodass die Füllung fest eingepackt ist.

5. Probieren Sie das Rezept bei Gelegenheit mit einem ganzen Spanferkel aus – ein echter Partyknüller!

Tipps für eine Party

* Ein ganzes Spanferkel braten
* Eigene Cocktails mixen
* Einen Elvis-Imitator anheuern
* ... und natürlich Tanzen ohne Ende

CO₂

Diesen Cocktail habe ich zusammen mit Giancarlo d'Urso, dem Barkeeper des Hakkasan in London, erfunden.

Die Chilischote in Ringe schneiden. Einen Teil davon – so viel, wie Ihnen an Schärfe zusagt – mit dem Zitronengras, den Korianderblättern und dem Pfeffer in einen Cocktailshaker füllen. Damit die Zutaten mit ihren Aromen herausrücken, werden sie jetzt mit einem ausreichend langen Stößel angedrückt. Den Tequila sowie den Limetten- und Ananassaft darüber gießen, die Eiswürfel einfüllen und kurz, aber heftig schütteln. Durch ein Sieb in ein gekühltes Martiniglas gießen.

1 GLAS

1 frische rote Chilischote, Samen entfernt

1 Stängel Zitronengras, die äußersten Blätter entfernt

4 Stängel Koriandergrün, die Blätter abgezupft

frisch gemahlener schwarzer Pfeffer

2 Schuss Tequila

Saft von ¹/₂ Limette

3 Schuss Ananassaft

2 Hand voll Eiswürfel

GRILLEN IM OFEN UND MIT HOLZKOHLE

GRILLEN IM OFEN

Da die Strahlungshitze von oben kommt, eignet sich diese Methode nicht nur zum Garen kleinerer Fleisch- und Fischstücke, sondern ebenso zum Gratinieren, Rösten und Karamellisieren. Mit entsprechender Temperatureinstellung werden die Speisen in der fast trockenen Hitze super kross und knusprig.

GRILLEN MIT HOLZKOHLE

Ein Grillfest - oder Barbecue - ist eine Spitzen-Sache. Der Handel bietet inzwischen spezielle Pfannen, die mit ihrer geriffelten Oberfläche beim Grillen auf dem Herd eine Grilloptik erzeugen, und manche Restaurants haben sogar gasbefeuerte Herde, bei denen Kohlestückchen die Hitze speichern. Dabei entwickeln Fleisch und Fisch eine schöne Farbe, und auch der Geschmack ist gut. Trotzdem schmecken sie unübertrefflich, wenn sie über dem offenen Feuer - und dazu, wie in der Türkei üblich, über glimmenden Holzspänen - gegrillt werden. Die Geschichte vom rettungslos verkohlten, aber innen noch rohen Stück Fleisch ist Geschichte. Denn wenn man lernt, die Hitze zu zähmen, kann man auf einem Gartengrill richtig zaubern. Auf der einen Seite häuft man die glühende Holzkohle auf, um über extremer Hitze dem Fleisch oder Fisch eine schöne Farbe zu verleihen und die Poren zu schließen. Auf der anderen Seite wird die Glut flach ausgebreitet, deren Hitze dann langsam bis ins Innere des Garguts dringt. Das Grillen über Holzkohle ist eine schnelle, effiziente Methode und für erstklassiges Fleisch und guten Fisch - auch ganze Fische, wenn sie nur klein genug sind - geeignet. Vergessen Sie nicht, die Grillpfanne zunächst kräftig zu erhitzen. Und sofern Sie sich keine Rauchvergiftung einhandeln wollen, gießen Sie auf keinen Fall Öl hinein!

Das optimale Schweinekotelett mit Lorbeersalz, Knusperspeck und violetten Kartoffeln

Wer einmal in Italien Schweinefleisch gegessen hat, muss lange suchen, ehe er etwas Vergleichbares findet. Bei uns haben sich die Turbozüchtungen durchgesetzt, Tiere also, die rasend schnell ihre Schlachtreife erreichen und so binnen kürzester Zeit viel Profit bringen. Die früher üblichen, langsam wachsenden Schweinerassen sind dagegen heute echte Raritäten. Ihr Fleisch besitzt ein wirklich ausgeprägtes Aroma und ist schön von schneeweißem, wachsartigem Fett durchzogen, das beim Garen einfach wegschmilzt. Von einem solchen Tier habe ich kürzlich auf dem Borough Market zwei sagenhafte Koteletts erstanden. Außerdem nahm ich noch Trüffelkartoffeln und eine Flasche Cidre mit und ich kann Ihnen sagen: An dem Abend haben wir es uns wirklich schmecken lassen!

Den Backofen auf 200 °C vorheizen. Die Kartoffeln in sprudelndem Salzwasser etwa 15 Minuten vorkochen und abgießen. Das abgeschnittene Fett mehrmals einschneiden, salzen und pfeffern und mit einigen Topfen Olivenöl in einem heißen Bräter auslassen. Sobald es leicht knusprig wird, die Kartoffeln mit dem Thymian kurz untermischen und in etwa 15 Minuten im Ofen fertig garen. Dabei sollen die Fettstreifen obenauf liegen, damit sie weiter ausbraten und schön kross werden.

Währenddessen die Fenchelsamen und Lorbeerblätter mit 2 EL Salz im Mörser zerstoßen, bis sich eine feine, leicht feuchte Paste ergibt. Diese durch ein grobes Sieb in eine Schüssel schütteln – dies verhindert Klümpchen. Die Koteletts dünn mit Öl einreiben, damit sie später nicht in der Pfanne ansetzen, und auf beiden Seiten mit dem Würzsalz bestreuen (was davon übrig bleibt, bei einer anderen Gelegenheit verwenden). Die Grillpfanne sehr stark erhitzen, aber auf keinen Fall Öl hineingießen, das sofort heftig qualmen würde. Die Koteletts einlegen und auf jeder Seite je nach Dicke 3–4 Minuten (aber bloß nicht zu lange!) grillen. Herausnehmen und 4 Minuten ruhen lassen.

In einem kleinen Topf den Cidre mit dem Senf zum Kochen bringen und auf die Hälfte einkochen lassen. Die Crème fraîche einrühren, wieder zum Kochen bringen und anschließend erneut einkochen lassen. Den Topf vom Herd nehmen, die Butter zufügen und schwenken, bis die Sauce dick wird und glänzt. Mit Salz und Pfeffer abschmecken.

Die Kartoffeln, von denen ich übrigens gern etwa die Hälfte noch grob zerdrücke, mit den Koteletts und dem Knusperspeck auf einzelnen Tellern anrichten. Den ausgetretenen Fleischsaft und die Sauce darüber träufeln. Mit grünem Salat und einem Glas Cidre der pure Genuss!

4 PORTIONEN

1 kg violette oder normale Kartoffeln, geschält und halbiert

Meersalz und schwarzer Pfeffer

4 Schweinekoteletts, der Fettrand abgeschnitten

bestes Olivenöl

1 kleine Hand voll frischer Thymian, die Blättchen abgezupft

1 TL Fenchelsamen

10 frische Lorbeerblätter

300 ml Cidre (Apfelwein)

1 EL körniger Senf

4 EL Crème fraîche

2 EL Butter

Aromatisiertes Salz

Es wundert mich schon, dass kaum jemand solches Salz verwendet, wo es doch so easy herzustellen und zum Abschmecken so ideal ist. In meiner Kindheit fand ich das Selleriesalz ziemlich öde, aber heute schmeckt es mir in einem Tomatensalat oder in einem Rindfleischeintopf richtig gut. Ein aromatisiertes Salz liefert nicht nur eine spezielle Gewürznote, sondern ist, da Salz generell als Geschmacksverstärker funktioniert, eine Art Aufputschmittel für den Gaumen. Salz mit Jasmintee gehört unbedingt in das japanische Tempura; auch die chinesische Küche kennt ihre traditionellen Mischungen. Und selbst ganz normale Pommes erhalten durch Salz mit zum Beispiel mexikanischen Aromen eine völlig neue Dimension.

Besorgen Sie sich ein gutes Salz, dazu verschiedene frische Würzzutaten und probieren Sie Ihre ganz eigenen Ideen aus. Sie werden die tollsten Überraschungen erleben! Allerdings verlieren Knoblauch, Schalen von Zitrusfrüchten und weiche Kräuter wie Koriander, Minze und Basilikum relativ schnell ihr charakteristisches Aroma. Daher stelle ich Salze mit diesen Zutaten nach Bedarf frisch oder höchstens einen Tag im Voraus her, was ja im Nu erledigt ist. Andere Würzsalze überleben, wenn man sie in luftdichten Gefäßen aufbewahrt, mehrere Monate ohne allzu große geschmackliche Einbußen; aber auch ihnen merkt man es natürlich an, wenn sie nicht mehr ganz taufrisch sind.

Falls Ihr Salz Ingwer, Zitronengras oder frische Chilischoten enthalten soll, müssen diese zunächst in Scheiben geschnitten und im warmen Ofen etwas getrocknet werden. Sonst würde das Salz zu nass. Die gewählte Aromamischung abwiegen und mit der dreifachen Menge Salz zerstoßen, bis Sie ein Pulver oder eine Paste erhalten, die Sie grob verwenden oder durch ein Sieb schütteln. Sie können ein solches Salz auch in der Küchenmaschine herstellen. Da die meisten Zutaten etwas Feuchtigkeit enthalten, pappt das Salz nach ein, zwei Tagen oft zusammen. Eigentlich kein Problem, weil Sie bei Bedarf einfach so viel, wie Sie brauchen, abbröckeln und zerreiben. Wollen Sie sich das ersparen, streuen Sie das fertige Würzsalz dünn auf einem Blech aus und lassen es bei minimaler Temperatur über Nacht im Backofen trocknen. So bleibt es schön körnig.

Am liebsten mag ich Salz mit folgenden aromatischen Zusätzen:

Jasmintee

Fenchelsamen, Zitronenschale und Vanille

Lavendelblüten, Rosmarin und Thymian

Limettenschale, Zitronengras, Chilis und Ingwer

Sichuanpfeffer, Chilis und Ingwer

Aufgespießt und gar nicht spießig

Wenn Sie ein Essen in größerer Runde oder eine Party planen, sind Sie mit diesen unkomplizierten Spießen absolut aus dem Schneider. Jede Sorte wird anders mariniert, aber alle können Sie genauso im Ofen wie über Holzkohle grillen.

Lammspieße mit Zwiebeln und Paprikaschoten

*6-8 PORTIONEN   500 g Lammfleisch, küchenfertig vorbereitet, in 2,5 cm große Würfel geschnitten * 2 rote Zwiebeln, geschält und geviertelt * 2 rote Paprikaschoten, Samen entfernt, in 2,5 cm große Stücke geschnitten * 6-8 Holzspieße oder kräftige frische Rosmarinzweige (siehe Seite 248)*

Für die Marinade *1 EL geräuchertes spanisches oder edelsüßes Paprikapulver * 2 Gewürznelken * ½ TL Kreuzkümmelsamen * 2 TL Koriandersamen * Meersalz und frisch gemahlener schwarzer Pfeffer * Olivenöl*

Alle Gewürze im Mörser fein zerstoßen und dann so viel Olivenöl unterrühren, dass sich eine dickflüssige Paste ergibt. Das Fleisch in einer Schüssel damit vermischen und ½-1 Stunde marinieren. Die Fleisch-, Zwiebel- und Paprikastücke abwechselnd auf die Spieße oder Rosmarinzweige stecken. Etwa 5 Minuten auf einem Rost grillen und dabei regelmäßig drehen. Das Fleisch soll zuletzt kräftig gebräunt, aber innen noch rosa und schön saftig sein. Falls Sie Ihren Hunger zügeln können, lassen Sie die Spieße ein paar Minuten ruhen.

Hühnerbrustspieße mit Zucchini

*6-8 PORTIONEN 500 g Hühnerbrust (möglichst vom Bio-Metzger), in 2,5 cm große Würfel geschnitten * 4 gelbe oder grüne Zucchini, längs in dünne Scheiben geschnitten *
6-8 Holzspieße oder kräftige frische Rosmarinzweige (siehe Seite 248)*

Für die Marinade *1 Hand voll frisches Koriandergrün * 1 Hand voll frische Minze * 3 Knoblauchzehen * 6 Frühlingszwiebeln * 1 rote Chilischote * abgeriebene Schale und Saft von 1 unbehandelten Zitrone * Meersalz und frisch gemahlener schwarzer Pfeffer * Olivenöl*

Die Zutaten für die Marinade mit Ausnahme des Öls in der Küchenmaschine zu einer Paste verarbeiten und mit etwas Öl geschmeidig rühren. Das Fleisch in einer Schüssel gründlich mit der Marinade vermischen und bis zu 1 Stunde durchziehen lassen. Die Zucchini 30 Sekunden in kochendem Salzwasser blanchieren, abseihen und abkühlen lassen. Das Fleisch mit den Zucchinischeiben, die sich zwischen den Würfeln durchschlängeln, auf die Spieße oder Rosmarinzweige stecken. Etwa 5 Minuten grillen und dabei immer wieder drehen. Vielleicht sollten Sie einen Fleischwürfel aufschneiden und prüfen, ob er richtig gar ist.

Fischspieße mit neuen Kartoffeln

*6-8 PORTIONEN 500 g Seeteufel (oder Kabeljau oder Schellfisch) ohne Haut und Gräten, fest, in 2,5 cm große Würfel geschnitten * 250 g kleine neue festkochende Kartoffeln, gekocht und halbiert * 6-8 Holzspieße oder kräftige frische Rosmarinzweige (siehe Seite 248)*

Für die Marinade *2 daumengroße Stücke frischer Ingwer, in Scheiben * abgeriebene Schale und Saft von 1 unbehandelten Zitrone * 1 TL Kurkuma * 2 Knoblauchzehen * 2 getrocknete Chilischoten, zerkrümelt * 1 Hand voll frische Minze * 4 EL Naturjoghurt * 1 Prise Salz*

Die Marinadezutaten außer dem Joghurt zu einer glatten Paste mixen. Den Joghurt einrühren. Fisch und Kartoffeln abwechselnd auf die Spieße oder Rosmarinzweige stecken. Mit der Marinade rundherum bestreichen und von beiden Seiten je 2 Minuten grillen.

1. Kaufen Sie ein großes Bund Rosmarin und wählen Sie kräftige Zweige aus.

2. Mit der einen Hand die obersten Blättchen umfassen und mit der anderen die restlichen Blättchen »gegen den Strich« abstreifen.

3. Die Zweige am unteren Ende mit einem Messer schräg anspitzen.

4. Und fertig ist der Rosmarinspieß. Die Blättchen am oberen Ende dienen als »Stopper« – perfekt!

'Eine Ausbildung zum Koch schafft jeder irgendwie. Wer aber richtig gut sein will, muss diesen Job und das Essen wirklich lieben.'

Gegrillte Meeresfrüchte

Als Kind habe ich im Restaurant meiner Eltern Grillplatten ohne Ende zubereitet. Heute mache ich es wieder, aber anders: Ich würze jede Zutat ganz individuell nach ihrer Art. Unten sind die Fische und Meeresfrüchte aufgelistet, die meiner Meinung nach mit von der Partie sein sollten. Da sie alle zusammen gegrillt werden, müssen die Stücke in etwa gleich dick sein.

4 PORTIONEN

Als Erstes ein Blech, das unter den Ofengrill passt, dünn mit Olivenöl bestreichen.

Garnelen: Mit einem Messer 8 große geschälte Garnelen am Rücken längs einschneiden und den dunklen Darm entfernen. Etwas frisches Koriandergrün und abgeriebene Limettenschale (am besten unbehandelt) mit 1 TL geraspeltem Ingwer und einem Schuss Olivenöl im Mörser zu einer Art Paste verarbeiten. Die Garnelen damit einreiben.

Streifenbarbe: Durchtrennen Sie beim Zerteilen ruhig die Mittelgräte – so wird das Fleisch besonders aromatisch und saftig. Etwas Rosmarin mit ein wenig Olivenöl bester Qualität im Mörser zerstoßen und die Fischstücke ringsum damit einreiben.

Lachs: Im Mörser einige Basilikumblätter mit etwas gutem Olivenöl zerstampfen. Einige dünne Scheiben Lachsfilet von beiden Seiten damit bestreichen und mit dem Lachs einige Oliven und ganze Basilikumblätter »verpacken«. Mit Cocktailspießchen fixieren.

Scholle, Seezunge oder Rotzunge: Den Fisch filetieren. Die Filets mit etwas abgeriebener, unbehandelter Zitronenschale bestreuen, aufrollen und jeweils mit einer Speckscheibe umwickeln. Cocktailspießchen sorgen dafür, dass sie nicht auseinander fallen.

Venus-, Schwert- und Miesmuscheln: Sie verstärken die Fischspieße.

Kleine Strauchtomaten: Mit Olivenöl einreiben und mit etwas Oregano bestreuen.

Eine Zitrone: Längs vierteln oder achteln. Beim Grillen wird sie wunderbar weich und saftig.

Sämtliche Zutaten auf dem Blech verteilen. Mit etwas fein gehacktem Knoblauch bestreuen, leicht salzen und pfeffern und kleine Butterstückchen auflegen. Für etwa 6 Minuten unter den heißen Grill schieben, bis der Fisch schön gebräunt ist und sich die Muscheln geöffnet haben. Alles auf einzelne Teller verteilen. Die Zitrone über dem Blech ausdrücken, die Rückstände loskratzen und das Ganze über die Fische und Meeresfrüchte träufeln. Dazu neue Kartoffeln, einen grünen Salat und unbedingt auch eine Flasche guten Weißwein servieren. Sie werden begeistert sein, bestimmt!

Tipp: Probieren Sie doch einmal ungewöhnliche Fische wie Meeraal und Hai.

Gegrilltes mariniertes Gemüse

Während meiner Zeit im Neal Street Restaurant habe ich dieses Gemüse zum ersten Mal zubereitet. Etwa zwei Jahre später zeigte mir Rose Gray im River Café, was man mit dem Grill in Sachen Gemüse alles zaubern kann. Grandios!

Nachdem das gesamte Gemüse gewaschen ist, wird die Glut im Holzkohlengrill vorbereitet oder die Grillpfanne erhitzt. Die ganzen Paprikaschoten von allen Seiten rösten, bis sie richtig angekohlt sind. Noch heiß in eine Schüssel packen, mit Klarsichtfolie verschließen und abkühlen lassen.

Die Zucchini längs in etwa 5 mm dicke Scheiben schneiden, ebenso den Fenchel (das fedrige Grün beiseite legen). Beide zusammen etwa 1 Minute von jeder Seite grillen, bis sie schön gebräunt sind – sie dürfen weder zu dunkel werden noch roh sein. Auf einem sauberen Küchentuch so ausbreiten, dass sie nicht aufeinander liegen.

Die Aubergine quer in 1 cm dicke Scheiben schneiden. Gelegentlich erwischt man eine Aubergine mit auffallend vielen Kernen – sie schmeckt bitter; werfen Sie sie weg und beginnen Sie mit einer neuen. Die Scheiben während des Grillens vier Mal wenden, bis sie ein schönes Muster aufweisen, danach ebenfalls auf das Küchentuch legen.

Die Lauchzwiebeln in Salzwasser knapp gar kochen, abseihen, mit etwas Olivenöl bestreichen und kurz grillen, ebenfalls mit Muster.

Ziehen Sie nun von den Paprikaschoten die Haut ab, aber bitte nicht unter dem Wasserhahn, dabei würde ihr fantastisch süßliches Aroma wegschwimmen. Die Schoten halbieren, den Stielansatz und die Samen entfernen und das Fruchtfleisch in breite Streifen reißen. Das gesamte vorbereitete Gemüse in eine große Schüssel füllen.

Ungefähr ein Viertel der Basilikumblätter mit 1 kräftigen Prise Salz und Pfeffer im Mörser zu einer weichen Masse zerstoßen und mit etwa 8 EL bestem Olivenöl und Essig nach Geschmack verrühren. Über das gegrillte Gemüse gießen, rasch durchmischen und die restlichen, ganzen Basilikumblätter in die Schüssel werfen. Da sich der Knoblauch nur zart bemerkbar machen soll, schneiden Sie ihn in möglichst dünne Scheiben, die Sie zusammen mit dem grob gehackten Fenchelgrün über das Gemüse streuen. Alles nochmals durchmischen und raumtemperiert auf einer großen Platte servieren.

Riesig als Beilage zu jeglichem gegrillten Fisch oder Fleisch, aber auch – mit Röstbrotscheiben und frischem Büffelmozzarella – als Vorspeise.

4-6 PORTIONEN
2 rote Paprikaschoten
2 gelbe Paprikaschoten
2 mittelgroße Zucchini
1 Fenchelknolle
1 Aubergine
8 Lauchzwiebeln
1 großes Bund frisches Basilikum, die Blätter abgezupft
Meersalz und frisch gemahlener schwarzer Pfeffer
bestes Olivenöl
etwa 2 EL Kräuter- oder Weißweinessig
1 Knoblauchzehe, geschält

'Legen Sie sich ein gutes
Messer zu und machen
Sie sich langsam mit ihm
vertraut. Bald werden
Sie schneiden und
hacken wie ein Welt-
meister.'

Mozzarellaspieße mit knusprigem Brot, Speck und Oliven-Zitronen-Dressing

Nur selten bin ich von Rezepten, bei denen Mozzarella warm zubereitet wird, wirklich überzeugt. Aber diese Kombination ist absolut genial: Das Brot wird herrlich knusprig und nimmt wie ein Schwamm auf, was es von dem Speckaroma abkriegen kann; und der Mozzarella zerläuft träge in der Hitze. Mit dem frischen Kräutersalat dazu sind die Spieße als Vorspeise oder als Snack ein echtes Geschmackserlebnis! Aus denselben Zutaten habe ich auch schon kleine Kanapees zubereitet.

Von der Ciabatta die Kruste abschneiden und das Brot in etwa 2,5 cm große Stücke zerpflücken. Mit dem Speck und der Zitronenschale in eine Schüssel werfen. Den Mozzarella jeweils in 8 etwa gleich große Stücke schneiden, die ebenfalls in die Schüssel wandern. Als Nächstes basteln Sie Ihre Rosmarinspieße und zerstoßen anschließend die abgestreiften Blättchen mit dem Knoblauch im Mörser zu einer Paste. 8 EL Olivenöl einrühren, über die Zutaten in der Schüssel gießen und alles mindestens 15 Minuten, nach Belieben auch bis zu 1 Stunde durchziehen lassen.

Den Mozzarella und das Brot auf die Rosmarinspieße stecken und dabei die Speckscheiben zwischen die Stücke und um sie herum schlängeln. Die Spieße auf einem Rost unter den stark aufgeheizten Grill schieben, bis das Brot und der Speck goldbraun und knusprig sind und der schmelzende Mozzarella schon zu tropfen beginnt. Lassen Sie die Spieße nicht aus den Augen, denn sie können sehr schnell verbrennen.

Für das Dressing die Oliven klein hacken. Mit der Chili, dem Zitronensaft und dem Olivenöl verrühren und das Ganze zuletzt mit Salz und Pfeffer abschmecken. Die Hälfte des Dressings kommt erst im letzten Augenblick über die Kräuter – so machen sie nicht vorzeitig schlapp – und den Rest träufeln Sie vor dem Servieren über die Spieße.

Variante: Ersetzen Sie den Mozzarella durch Würfel von frischem weißfleischigem Fisch wie Seeteufel, Kabeljau oder Schellfisch. Sonst ändert sich an dem Rezept nichts.

4 PORTIONEN
1 Ciabatta

8 dünne Scheiben durchwachsener Frühstücksspeck (Bacon)

abgeriebene Schale von 2 unbehandelten Zitronen

4 große Kugeln Büffelmozzarella

8 kräftige Rosmarinspieße (siehe Seite 248)

1 Knoblauchzehe, geschält

bestes Olivenöl

3 Hand voll gemischte frische Kräuter (Schnittlauch, Kerbel, Minze, Basilikum und Petersilie)

Für das Dressing
1 gute Hand voll schwarze Oliven, entsteint

1 frische rote Chilischote, Samen entfernt, fein gehackt

5 EL Zitronensaft

5 EL bestes Olivenöl

Meersalz und frisch gemahlener schwarzer Pfeffer

Das beste Grillsteak

Wenn Sie zu denen gehören, die einmal in der Woche ein ordentliches Steak brauchen, hier eine Idee, wie Sie es noch ein paar Klassen besser hinbekommen. Die Kombination von Thymian, Rindfleisch und Pilzen und dazu die Salsa Verde ist einfach unschlagbar.

Die Salsa Verde wird als Erstes zubereitet.

Dann binden Sie die Thymianzweige unten zusammen, stellen das Bündel mit der Spitze voran in den Mörser und bearbeiten es kräftig mit dem Stößel. So werden die aromatischen Blättchen abgerissen und übrig bleibt eine Art grober Pinsel, den Sie beiseite legen. Den Knoblauch, das Sardellenfilet und die Zitronenschale zum Thymian in den Mörser geben und alles zu einer Paste zerstoßen. Zuletzt das Olivenöl einrühren.

Die Steaks jeweils mit einer Scheibe Speck seitlich umwickeln und locker mit einem Stück Küchengarn festbinden (siehe Foto rechts). Von den Pilzhüten die Haut abziehen. Das geht ruck, zuck und macht sie schön aufnahmefähig, wenn man sie jetzt, genau wie die Steaks, mit einem Teil des Thymianöls bepinselt (siehe Foto rechts).

Bei den grundlegenden Dingen des Kochens geht es darum, einen eigenen Instinkt auszubilden. Entwickeln Sie ein Gefühl dafür, wie sich bei einem Steak die Temperatur je nach Größe und Art des Fleischstücks auswirkt. Profiköche erkennen, wie weit das Fleisch gegart ist, allein an seinem Aussehen und daran, wie stark es auf Druck nachgibt. Da Ihre Steaks vielleicht dünner oder dicker geschnitten sind als die, die ich immer kaufe, kann ich Ihnen hier keine exakte Garzeit angeben, sondern nur einen groben Anhaltspunkt: Filet- und Lendensteaks gare ich, wenn sie halb durch (medium) sein sollen, etwa 3–4 Minuten von jeder Seite und lasse sie anschließend noch einige Minuten ruhen. Sollen sie eher blutig oder stärker durch sein, verändern Sie die Garzeit.

Heizen Sie die Grillpfanne oder den Holzkohlengrill kräftig auf. Salzen und pfeffern Sie Ihre Steaks auf beiden Seiten. Zusammen mit den Pilzen in die Pfanne oder auf den Grillrost legen. In Abständen von etwa 1 Minute umdrehen und dabei jedes Mal mit dem Thymianöl einpinseln. Die Pilze sind nach etwa 6 Minuten fertig, sie sollen sich weich anfühlen. Sobald auch die Steaks so weit sind, entfernen Sie das Garn, richten sie zusammen mit den Pilzen auf vorgewärmten Tellern an und gönnen ihnen noch 2 Minuten Ruhe. Einen großzügigen Klecks Salsa Verde obendrauf und auf den Tisch damit!

4 PORTIONEN
1 Rezeptmenge Salsa Verde (siehe Seite 263)

1 großes Bund frischer Zitronenthymian oder einfacher Thymian

1 Knoblauchzehe, geschält

1 eingelegtes Sardellenfilet

abgeriebene Schale von 1 unbehandelten Zitrone

10 EL bestes Olivenöl

4 Filet- oder Lendensteaks, je 225 g, etwa 2,5 cm dick geschnitten

4 Scheiben durchwachsener Frühstücksspeck (Bacon)

8 große Champignons oder andere Pilze mit flachem Hut

Meersalz und frisch gemahlener schwarzer Pfeffer

1. Um jedes Steak eine Speckscheibe legen und mit Küchengarn fixieren.

2. Das Thymianbund unten zusammenbinden.

3. Für das Thymianöl die Thymianblättchen im Mörser zerstoßen.

4. Die Haut von den Pilzhüten abziehen.

5. Den Rest des Thymianbündels als Pinsel benutzen und immer wieder die Steaks mit dem Thymianöl einpinseln.

Salsa Verde

Wenn man alle Zutaten mit der Hand schön fein hackt, schmeckt diese »grüne Sauce« am besten. Sie passt hervorragend zu gegrilltem oder gebratenem Fleisch und Fisch.

Den Knoblauch, die Kapern, die Gurken, die Sardellenfilets und die Kräuter sehr fein hacken und alles in eine Schüssel werfen. Erst den Senf und den Essig, dann langsam das Olivenöl untermischen, bis die Sauce genau die richtige Konsistenz hat. Mit etwas Salz und frisch gemahlenem schwarzem Pfeffer abschmecken, vielleicht muss auch noch ein Spritzer Essig dazu.

8 PORTIONEN

$1^1/_2$-2 Knoblauchzehen, geschält

1 kleine Hand voll Kapern

1 kleine Hand voll süßsauer eingelegte Gurken (z. B. Honiggurken)

6 eingelegte Sardellenfilets

2 große Hand voll glatte Petersilie, die Blätter abgezupft

1 Bund frisches Basilikum, die Blätter abgezupft

1 Hand voll frische Minze, die Blätter abgezupft

1 EL Dijon-Senf

3 EL Rotweinessig

8 EL allerbestes Olivenöl

Meersalz und frisch gemahlener schwarzer Pfeffer

Gegrillter Thunfisch auf warmem Bohnensalat mit reichlich Kräutern

Ein klasse Sommergericht, das kaum Arbeit macht. Bei den Bohnen sind Sie keinesfalls festgelegt. Sie könnten beispielsweise Cannellini und Borlotti kombinieren, aber auch Augenbohnen, Limabohnen, die in Frankreich beliebten Flageolets und sogar Linsen. Ich serviere den Thunfisch zerpflückt auf den warmen Bohnen als eine Art Salat, aber genauso kann das Gericht heiß als Snack oder Hauptgang serviert werden. Den Fisch grille ich nur eine Minute auf jeder Seite, sodass er außen Farbe bekommt, innen aber noch rosa ist. Für meinen Geschmack ist es geradezu verrückt und schlicht eine Unsitte, Thunfisch zu braten, bis er ganz durch ist. Letztlich können Sie das machen, wie Sie wollen, aber probieren sollten Sie ihn schon einmal rosa.

Sie können ohne weiteres auch Bohnen aus der Dose verwenden. Aus irgendeinem Grund hat sich deren Qualität deutlich verbessert. Wenn Sie aber getrocknete Bohnenkerne verwenden – die schmecken einfach besser – müssen sie über Nacht in kaltem Wasser eingeweicht werden, wobei sie nahezu auf die doppelte Größe aufquellen. Am nächsten Tag abgießen und in einem Topf mit frischem Wasser bedecken. Zum Kochen bringen und etwa 40 Minuten köcheln lassen, bis sie weich sind. Manchmal koche ich auch eine angedrückte Tomate und eine Kartoffel mit, die bewirken, dass die Haut der Bohnen richtig schön weich wird. Die Bohnen abseihen und in eine große Schüssel füllen, vorher noch die Tomate und die Kartoffel herausnehmen. 8 EL Olivenöl – es sollte möglichst jung sein, denn dann besitzt es eine reizvolle, pfefferige Note – mit der Zwiebel, den Sardellenfilets und der Chilischote unter die Bohnen mischen. Salzen und pfeffern und zuletzt mit dem Zitronensaft beträufeln, der den Bohnen etwas Frisches gibt.

Die Grillpfanne kräftig erhitzen. Die Thunfischsteaks auf beiden Seiten salzen und pfeffern, mit der Zitronenschale bestreuen und dünn mit Öl betupfen. Da sie blitzschnell gar sind, sollten Sie schon einmal Ihre Gäste zusammentrommeln. Den Thunfisch von beiden Seiten jeweils nur 1 Minute bei hoher Temperatur braten. Die Kräuter rasch unter den Bohnensalat mischen und auf einzelne Teller verteilen. Den Thunfisch aus der Pfanne nehmen, grob zerpflücken und auf dem warmen Bohnensalat anrichten. Mit einem gekühlten Weißwein schmeckt das Ganze noch mal so gut.

4 PORTIONEN

200 g getrocknete Bohnenkerne (möglichst zwei unterschiedliche Sorten gemischt, siehe oben)

1 Tomate (nach Belieben)

1 Kartoffel (nach Belieben)

bestes Olivenöl

1 rote Zwiebel, geschält und in feine Scheiben geschnitten

4 eingelegte Sardellenfilets, fein gehackt

1–2 frische rote Chilischoten, Samen entfernt, in feine Ringe geschnitten

Meersalz und frisch gemahlener schwarzer Pfeffer

abgeriebene Schale und Saft von 2 unbehandelten Zitronen

4 Thunfischsteaks, je 225 g, etwa 1 cm dick geschnitten

3 Hand voll gemischte frische Kräuter (Schnittlauch, Kerbel, Basilikum, Petersilie und Minze), grob gehackt

1. Damit die Möhre nicht wegrollt, schneiden Sie der Länge nach eine Scheibe ab und legen Sie die Möhre auf die flache Seite.

2. Die Möhre je nach Bedarf in feine oder auch dickere Scheiben schneiden. Sobald sie auf der Unterlage wackelt, legen Sie sie wieder auf die flachste Seite.

3. Sie können die Scheiben jetzt der Länge nach in Stifte schneiden - so machen sie sich gut in Eintöpfen und Gemüsegerichten.

4. Oder Sie halten mehrere Stifte längs zusammen und schneiden sie quer in Würfel.

1. Um eine Zwiebel zu würfeln, schält und halbiert man sie und schneidet die Hälften bis kurz vor dem Wurzelansatz senkrecht in Scheiben.

2. Dann die Zwiebel, wieder nur bis kurz vor dem Wurzelansatz, mehrmals waagerecht einschneiden.

3. Jetzt wieder senkrecht Scheiben abschneiden, die dann in Würfel zerfallen. Die Würfel können ganz nach Bedarf größer oder kleiner ausfallen.

P. S. Wenn Sie leicht in Tränen ausbrechen, setzen Sie beim Zwiebelschneiden eine Schwimmbrille auf.

Gegrilltes Schweineschnitzel mit Spargel

Zu der Frage, wie man preiswertes Fleisch gekonnt veredelt, hier ein Vorschlag. Schön dünn geschnittene Schweineschnitzel aus der Keule werden mit aromatischem Öl bestrichen und anschließend so zubereitet, dass sie rasant garen. Auch Hähnchen- und sogar Kalbsschnitzel gelingen nach diesem Rezept hervorragend.

Den Ziegenkäse dünn mit Olivenöl einreiben und in eine heiße Grillpfanne setzen. Von beiden Seiten schön braun werden lassen, herausnehmen und beiseite stellen. Den Knoblauch mit dem Thymian fein zerstoßen – nehmen Sie dafür den Mörser oder auch einfach eine Metallschüssel und einen Holzstampfer – und einige Spritzer Olivenöl unterrühren. Die Schnitzel gleichmäßig mit dieser Mischung einreiben, salzen und pfeffern und dann zwischen zwei Lagen Klarsichtfolie mit einem schweren, flachen Gegenstand einzeln flach drücken, bis sie nur noch etwa 5 mm dick sind. Dadurch wird ihr Fleisch ganz besonders zart.

Auch für den nächsten Schritt muss die Grillpfanne wieder heiß sein. Den Spargel und anschließend die Zucchini von beiden Seiten darin grillen, bis sich das Grillmuster des Pfannenbodens deutlich auf ihnen abzeichnet und sie das markante Grillaroma angenommen haben. In eine Schüssel füllen und mit dem Essig, 8 EL Olivenöl sowie der Hälfte der Minzeblätter vermischen. Die Grillpfanne erneut erhitzen und die Schnitzel von beiden Seiten grillen, bis sie nach etwa 4 Minuten ebenfalls deutliche Grillstreifen zeigen. Inzwischen den Ziegenkäse zerkrümeln. Die Schnitzel einmal in der Mitte durchreißen und zum Salat geben. Den Käse und – als Frischekick – die restliche Minze darüber streuen. Nochmals alles durchmischen und die Schüssel einfach in die Tischmitte stellen. So können alle nach Belieben zulangen.

4 PORTIONEN

150 g fester Ziegenkäse

8 EL bestes Olivenöl, und etwas mehr

1 Knoblauchzehe, geschält

1 kleines Bund frischer Zitronenthymian oder einfacher Thymian, die Blättchen abgezupft

4 Schweineschnitzel, je 225 g, etwa 1 cm dick geschnitten

Meersalz und frisch gemahlener schwarzer Pfeffer

500 g grüner Spargel, längs in Scheiben geschnitten

250 g grüne und gelbe Zucchini, längs in dünne Scheiben geschnitten

4 EL Apfel- oder Weißweinessig

1 Bund frische Minze, die Blätter abgezupft

GEBACKENES UND SÜSSES

Dies ist eine der wenigen Gelegenheiten, bei denen Mr. Oliver auf absolut präzisen Zutatenmengen, Garzeiten und Größen von Backformen besteht. Leider kann ich Ihnen das nicht ersparen, denn in diesem Kapitel geht es ums Backen, und das ist, wie ich finde, immer ein bisschen wie Chemie: Damit die Reaktionen tatsächlich so ablaufen wie geplant, muss alles stimmen. Neben Brot, Kuchen und Tartes stelle ich hier auch verschiedenste Desserts vor, die es häufig bei uns zu Hause gibt und die Sie unbedingt alle probieren sollten.

Das Backen ähnelt insofern dem Braten im Ofen, als es ebenfalls mit trockener Hitze funktioniert, die von oben und unten und bei machen Herdtypen auch von allen Seiten herbeiströmt. Aber während beim Braten das Fett auf der Oberfläche des Garguts arbeitet, ist dieses beim Backen in den Teigen oder Speisen der Fall. Das Backen selbst ist keine hohe Kunst. Nachdem es aber gewöhnlich um Teige und Massen geht, die innerhalb einer bestimmten Zeit aufgehen sollen, müssen Sie sich genau an die Rezepte halten, damit sie auch wirklich gelingen.

Birnen in Amarone

Als ich vor einiger Zeit mit meinem Freund David Gleave von Liberty Wines nach Italien fuhr, brachte er mich zum Weingut der Allegrinis bei Verona. Was sie abfüllen, ist durchweg Spitzenklasse, und schier unschlagbar ist ihr Amarone, ob man ihn nun trinkt oder zum Kochen verwendet. Wir wurden von der Familie privat zu einem fantastischen Mittagessen eingeladen, und als krönenden Abschluss gab es diese pochierten Birnen – ein im Grunde ganz einfaches und dabei himmlisches Rezept, das ich nur leicht nach meinem Geschmack abgewandelt habe. Um zwei Dinge kommt man allerdings nicht herum, nämlich makellose Birnen und eine wirklich gute Flasche Amarone oder einen vergleichbar guten Rotwein wie Barolo. Damit zaubern Sie garantiert ein glückliches Lächeln auf die Gesichter Ihrer Gäste. Es muss ja nicht gerade ein so teurer Allegrini sein, aber lassen Sie die Finger weg von dubiosen Billigetiketten genauso wie von Birnen zweiter Wahl. Was dabei herauskommt, ist einfach nur zum Heulen.

Den Backofen auf 190 °C vorheizen. Sie brauchen einen ausreichend großen ofenfesten Topf, in den die Birnen später aufrecht nebeneinander hineinpassen. Zunächst kochen Sie einen Sud. Dafür den Wein in den Topf gießen, das Vanillemark mit den ausgeschabten Schoten, den Zucker, die Zimtstange, die Orangenschale und den Saft zufügen. Den Thymian mit Küchengarn zusammenbinden und in den Topf damit. Zum Kochen bringen und dann die Hitze reduzieren, sodass der Sud nur leise köchelt. Nun packen Sie die Birnen aufrecht dicht an dicht hinein, legen einen Deckel auf und stellen den Topf in den vorgeheizten Ofen. Nach etwa 1 Stunde sollten sie zwar durch und durch weich, aber gleichzeitig noch richtig gut in Form sein (je nach ihrem Reifegrad brauchen Sie etwas mehr oder weniger Zeit). Und weil sie den Wein samt den Aromen in sich aufgenommen haben, besitzen die Birnen einen traumhaften Geschmack und sind dunkelrot gefärbt. Gleichzeitig ist der Wein durch den Zucker sirupartig eingedickt und verbreitet einen verlockenden Duft.

Die Birnen auf einen Teller setzen. Den Wein auf dem Herd bei höherer Temperatur etwa auf die Hälfte einkochen. Vom Herd nehmen, die Butter zufügen und den Topf schwenken, bis die Butter geschmolzen und die Sauce gebunden ist. Gigantisch! Bis zum Servieren kommen die Birnen jetzt wieder in den Topf. Warm und auf etwas glatt gerührter saurer Sahne oder Crème fraîche angerichtet schmecken sie am besten.

8 PORTIONEN

1 Flasche Amarone oder Barolo

2 Vanilleschoten, das Mark ausgeschabt (siehe Seite 304)

225 g Zucker

1 kleine Zimtstange

abgeriebene Schale und Saft von 1 unbehandelten Orange

1 kleines Bund frischer Thymian

8 makellos geformte, aromatische Birnen mit weich schmelzendem Fruchtfleisch, geschält (der Stiel bleibt dran!) und unten glatt geschnitten

250 g Butter

saure Sahne oder Crème fraîche (nach Belieben)

'Angerichtet soll eine Speise appetitlich, frisch und sauber
aussehen und vor allem ohne Firlefanz auskommen.'

Scheiterhaufen mit Baileys und Bananen

Ich bin in einem Pub groß geworden, und die Drinks, die ich damals am liebsten mochte, waren Baileys und einen Cocktail namens Snowball. Inzwischen bin ich für beide nicht mehr zu haben. Jools dagegen genehmigt sich ab und zu ein Schlückchen Baileys, deshalb steht bei uns meist eine Flasche davon herum. Und als ich eines Tages noch ein paar Bananen entdeckte, kam mir eine simple Idee. Ich habe dieses Rezept ausprobiert, und das Ergebnis war traumhaft: die beste Scheiterhaufen-Version, die man sich vorstellen kann.

Den Backofen auf 180 °C vorheizen. Die Brotscheiben einzeln möglichst flach drücken und dünn, aber gleichmäßig mit Butter bestreichen. Einmal durchschneiden und beiseite legen.

In einer Schüssel die Eier mit dem Zucker und dem Vanillemark mit dem Schneebesen verschlagen, bis eine helle, schaumige Masse entsteht. Sahne, Milch und Baileys gründlich einrühren. Die Bananen schälen und in Scheiben schneiden – längs oder quer, ganz wie Sie wollen. Gleichzeitig die Mandeln im Ofen leicht rösten. Jetzt brauchen Sie entweder eine ausreichend große Auflaufform oder etliche Portionsförmchen, dünn mit Butter ausgestrichen. Die Brotscheiben einzeln in die Eimischung tauchen und abwechselnd mit den Bananen und Mandeln in die Form schichten – zuletzt eine Lage Brot. Das Ganze mit der restlichen Eimischung übergießen und das Brot mit den Fingern zusammendrücken, damit es all die köstlichen Aromen aufsaugt.

Die Oberfläche großzügig mit Puderzucker bestäuben und den Auflauf etwa 35 Minuten im Ofen backen, bis die Eimischung außen fest ist, innen aber noch »wabbelt«, wenn man die Form rüttelt. Abkühlen lassen und etwas zusammendrücken. Manchmal bekommt man zu einem Scheiterhaufen Eiscreme oder flüssige Sahne. Wenn er aber innen noch schön weich und cremig ist, schmeckt er ohne solche Extras am besten.

Varianten: Das Rezept lässt sich beliebig abwandeln. Probieren Sie eigene Ideen aus, zum Beispiel mit Rosinen oder getrockneten Aprikosen oder auch mit anderem Brot, etwa Brioches oder Panettone.

ETWA 6 PORTIONEN
1/2 Kastenweißbrot, in Scheiben geschnitten und entrindet
50 g Butter, raumtemperiert
8 Bio-Eier
140 g extrafeiner Zucker
1 Vanilleschote, das Mark ausgeschabt (siehe Seite 304)
500 ml Sahne
550 ml Milch
4 Schuss Baileys
5 Bananen
4 EL gehobelte Mandeln, goldgelb geröstet
Puderzucker zum Bestäuben

Rote-Bete-Kuchen

Als ich noch ein Kind war, wurde in unserer Nähe eine Sportanlage eröffnet. Dazu gehörte auch ein Stand, an dem man außer Säften auch einen Möhrenkuchen mit saurer Sahne obendrauf bekam. Seinerzeit kam er echt gut an, aber inzwischen ist er natürlich eine olle Kamelle. Was tun? Mein Freund Peter Begg (der liebenswürdige Schotte) schlug vor, die Möhren durch Rote Bete zu ersetzen – was dabei herauskam, war einfach klasse. Danke, Pete!

Die Rote Bete dämpfen oder in Wasser weich kochen, abgießen und etwas abkühlen lassen. Die Haut mit den Fingern abziehen und die Rüben in der Küchenmaschine oder mit einem Kartoffelstampfer fein pürieren. Den Backofen auf 180 °C vorheizen.

Das Rote-Bete-Püree in eine Schüssel füllen. Den Ingwer, die Eigelbe, den Honig, das Olivenöl und die Hälfte des Vanillemarks zufügen und alles mit einem Schneebesen verrühren. Danach das mit dem Backpulver vermischte Mehl, die Polenta, die Orangenschale und den Saft, das Salz, den Piment und den Zimt untermischen. In einer zweiten Schüssel die Eiweiße steif schlagen und unter die Rote-Bete-Masse heben. Eine Springform von 25 cm Durchmesser mit Butter ausstreichen und dünn mit Mehl ausstreuen, damit der Kuchen nicht anklebt. Noch zuverlässiger wird das durch Backpapier verhindert; Sie müssen es passend zuschneiden, wie auf Seite 174 beschrieben. Die Masse einfüllen und im vorgeheizten Ofen etwa 35 Minuten backen. Stechen Sie probehalber ein Cocktailspießchen in der Mitte ein. Wenn es sauber wieder herauskommt, ist der Kuchen fertig. Lassen Sie ihn jetzt richtig abkühlen.

Die Crème fraîche mit dem Vin Santo, dem Zucker und dem restlichen Vanillemark verrühren. Zuletzt vielleicht noch mit etwas mehr Zucker und Vin Santo abschmecken. Den Kuchen in Stücke schneiden und auf jedes einen Löffel der Vin-Santo-Creme setzen.

8 STÜCK

500 g rohe Rote Bete (möglichst aus Bio-Anbau)

2 daumengroße Stücke frischer Ingwer, geschält und fein gehackt

3 große Bio-Eier, getrennt

150 ml Honig

170 ml Olivenöl

2 Vanilleschoten, das Mark ausgeschabt (siehe Seite 304)

2 gehäufte TL Backpulver

150 g Weizenmehl

100 g Polenta (Maisgrieß)

abgeriebene Schale und Saft von 1 unbehandelten Orange

1 kräftige Prise Salz

1 kräftige Prise Piment

1 kräftige Prise gemahlener Zimt

Butter und Mehl für die Form

200 g Crème fraîche

etwa 1 Weinglas Vin Santo, Marsala oder Sherry

etwa 2 gehäufte EL extrafeiner Zucker

Gebackenes Schokoladendessert

Für Schokoladenfans ein Traum! Das ursprüngliche Rezept stammt von meinem Freund Ben, Küchenchef im Monte's. Ich habe es für den Hausgebrauch leicht abgewandelt.

In einem kleinen Topf 125 g Kuvertüre in dem heißen Kaffee schmelzen, in einen Eiswürfelbehälter gießen und gefrieren lassen. Sechs Becherförmchen mit 7,5 cm Durchmesser oder ofenfeste Cappuccinotassen mit etwas Butter ausstreichen und kalt stellen. Für die Schokoladenmasse die restliche Kuvertüre mit der Butter in einer Metallschüssel über einem Topf mit kochendem Wasser schmelzen. In einer separaten Schüssel die Eiweiße mit dem Zucker steif schlagen. Die Eigelbe in die abgekühlte Schokoladen-Butter-Mischung einrühren, die Mandeln und das Mehl untermischen und zuletzt den Eischnee unterheben. Den Backofen auf 190 °C vorheizen. Mit einem Löffel jeweils etwas von der Masse in die Förmchen oder Tassen füllen, einen Schokoladen-Kaffee-Eiswürfel hineindrücken und mit der restlichen Masse komplett bedecken. Im vorgeheizten Ofen etwa 18–20 Minuten backen. Noch heiß vorsichtig aus den Förmchen lösen, mit den Haselnüssen bestreuen und sofort servieren.

6 STÜCK

450 g hochwertige Bitterkuvertüre (70 % Kakaoanteil)

50 ml heißer Espresso oder guter, starker Instantkaffee

125 g Butter, und etwas für die Förmchen

6 Eier, getrennt

200 g extrafeiner Zucker

100 g gemahlene Mandeln

100 g Reismehl

1 kleine Hand voll geröstete, gehackte Haselnüsse

Milchreis

Es gibt Oldies, die einfach unsterblich sind. Zu ihnen gehört der Milchreis. Er ist kinderleicht zu machen, tut Leib und Seele gut und lässt sich außerdem vielseitig abwandeln.

Butter, Zucker, Milch, Vanillemark, Salz und Reis in einen Topf füllen und erhitzen, bis die Milch leise köchelt. Einen Deckel auflegen und weiterköcheln lassen, bis der Reis die gesamte Flüssigkeit aufgenommen hat, er soll weich, aber nicht zu breiig sein. Heiß in Schalen servieren.

Varianten: Geben Sie als Überraschung einen Klecks Konfitüre in die Mitte jeder Portion oder machen Sie aus dem Milch- einen Schokoladenreis: In einer Metallschüssel über leicht kochendem Wasser etwa 200 g hochwertige Bitterkuvertüre (70 % Kakaoanteil) schmelzen und vor dem Servieren unter den Reis rühren.

4 PORTIONEN
100 g Butter
115 g extrafeiner Zucker
1,3 l Milch
2 Vanilleschoten, das Mark ausgeschabt (siehe Seite 304)
1 Prise Salz
140 g Milchreis

Der perfekte süße Mürbteig

Ob Sie hier mit den Knethaken der Küchenmaschine arbeiten oder mit den Händen zupacken (siehe Seite 284), ist völlig egal. Aber wenn Sie schon dabei sind, sollten Sie, wie ich es hier auch mache, gleich die doppelte Teigmenge herstellen. Den zweiten Teigboden frieren Sie für eine andere Gelegenheit ein. Eine Schritt-für-Schritt-Anleitung mit Fotos folgt auf der nächsten Doppelseite.

1. Schritt: Butter, Puderzucker und Salz in der Küchenmaschine geschmeidig rühren. Mit dem Momentschalter das Mehl, das Vanillemark, die Zitronenschale und die Eigelbe untermischen. Sobald sich die Zutaten wie Streusel zusammenballen, die Milch oder das Wasser zugießen und kurz untermixen, bis ein glatter Teig entstanden ist. Zu einer Kugel formen und dünn mit Mehl bestäuben. Es kommt darauf an, dem Teig so wenig wie möglich »anzutun«, damit er gut gelingt. Je länger man ihn nämlich knetet, desto elastischer wird er, und das hat zur Folge, dass er sich beim Backen zusammenzieht und brüchig wird.

2. Schritt: Den Teig zu einer kurzen, dicken Rolle formen, in Klarsichtfolie wickeln und mindestens 1 Stunde im Kühlschrank ruhen lassen.

3. Schritt: Den Teig längs in sehr dünne Scheiben schneiden. Sie können auch dickere Scheiben verwenden, allerdings verlängert sich dadurch die Backzeit. Eine gefettete Tortenbodenform mit den Scheiben auslegen, bis alles optimal passt, an den Rändern hochziehen und den überstehenden Teig glatt abschneiden. Mindestens 1 Stunde kalt stellen.

4. Schritt: Wenn die Füllung nicht mitgebacken werden soll, wie zum Beispiel bei der Zitronentarte auf Seite 296, backe ich den leeren Teigboden etwa 15 Minuten bei 180 °C, bis er richtig gar und leicht gebräunt ist (Profis nennen diese Technik, die auf Seite 285 beschrieben ist, »blind backen«). Danach muss er komplett auskühlen und wird dann gefüllt. Wird die Füllung dagegen mitgebacken wie beim Pflaumen-Mandel-Kuchen auf Seite 295, dann backen Sie den Boden vor dem Füllen etwa 12 Minuten bei 180 °C blind.

Tipp: Um zu vermeiden, dass der Teigboden durch eine feuchte Füllung weich wird, bestreicht man ihn nach dem Blindbacken dünn mit Eiweiß und schiebt ihn nochmals für nur 30 Sekunden – bloß nicht länger! – in den Ofen. So erhält er eine Art wasserdichte Beschichtung.

2 BÖDEN VON 28 CM Ø

250 g Butter

200 g Puderzucker

1 mittelgroße Prise Salz

500 g Weizenmehl

1 Vanilleschote, das Mark ausgeschabt (siehe Seite 304)

abgeriebene Schale von 1 unbehandelten Zitrone

4 Eigelb

2–4 EL Milch oder Wasser, eiskalt

1. Mehl, Vanille und Zitronenschale vermengen. In die
Mitte eine Mulde drücken,
die Buttermischung und die
Eigelbe hineingeben.

2. Von der Mitte aus das Mehl
einarbeiten, bis alles wie Streusel zusammenhält.

3. Milch oder Wasser rasch unterkne-
ten, bis ein zusammenhängender
Teig entsteht. Zu einer dicken Rolle
formen.

4. Die gekühlte Teig-
rolle in dünne Schei-
ben schneiden.

5. Die Kuchenform mit den
Teigscheiben auslegen ...

6. ... und die Scheiben
einschließlich der Ränder
zusammendrücken.

7. Den überstehen-
den Teigrand
gerade abschnei-
den.

BLIND BACKEN

Falls Sie einen soeben hergestellten Teigboden nicht gleich benötigen, frieren Sie ihn entweder ein oder backen ihn schon einmal vor, wie hier gezeigt. Anstelle von Pergament- oder Backpapier tut es auch Alufolie. Einen tiefgefrorenen Teigboden können Sie übrigens ohne Auftauen direkt blind backen, ohne dass er schrumpft.

1. Als Erstes brauchen Sie ein rundes Stück Pergament- oder Backpapier (siehe Seite 174), das über den Rand der Form reichen darf.

2. Den Teigboden möglichst glatt mit dem Papier auslegen.

3. Den Teigboden mit getrockneten Bohnenkernen oder Linsen füllen und im vorgeheizten Ofen 12–15 Minuten bei 180 °C goldgelb backen.

Ricotta-Mascarpone-Kuchen mit Schokolade und Orangenschale

Während meiner Zeit im Neal Street Restaurant habe ich von Gennaro Contaldo eine Menge gelernt. Er ist ein fantastischer Koch. Jeden Morgen hat er vier oder fünf ganz ähnliche Tartes gebacken, gefüllt mit Ricotta und kandierten Früchten. Zu einer Tasse Tee am Nachmittag schmeckt so ein Stück Kuchen super, und mit etwas Crème fraîche und Orangenfilets wird es zum echten Genuss. Bei meiner Version habe ich Ricotta und Mascarpone gemischt und der Füllung meine eigene Geschmacksvariante verpasst.

Wenn Sie den Teig nach dem Grundrezept hergestellt haben, legen Sie eine gefettete Tortenbodenform von 28 cm Durchmesser damit aus und backen ihn bei 180 °C blind, wie auf Seite 284/285 beschrieben. Danach vollständig abkühlen lassen. Den übrig gebliebenen Teig zu einem langen Rechteck ausrollen – es soll genauso dick sein wie der Teig in der Form und wird in 2,5 cm breite Streifen geschnitten, die ganz zum Schluss wie ein Gitter aufgelegt werden. Sie brauchen insgesamt 14 Streifen.

Die Backofenhitze auf 170 °C reduzieren. Den Ricotta, den Mascarpone, den Puderzucker, die Orangenschale, das Vanillemark und die 2 ganzen Eigelbe kräftig einrühren, bis eine glatte, glänzende Masse entsteht. In einer separaten Schüssel die Eiweiße zu steifem Schnee schlagen. Ob er wirklich fest genug ist, stellen Sie fest, indem Sie die Schüssel hochhalten und umdrehen: Er darf Ihnen nicht auf den Kopf fallen! Den Eischnee gleichmäßig unter die Masse heben, in den Teigboden füllen und mit der Schokolade bestreuen. Darüber legen Sie jetzt in gleichmäßigen Abständen sieben Teigstreifen in einer Richtung und anschließend die restlichen Streifen im rechten Winkel dazu, oder Sie verflechten die Streifen miteinander. Die überhängenden Enden mit dem Daumen vom Formrand abdrücken. So verbinden sich die Streifen gleichzeitig mit dem Teigrand in der Form. Das Gitter dünn mit dem verquirlten Ei einpinseln und mit Puderzucker bestäuben. 40–45 Minuten backen.

Sie können die Tarte heiß servieren oder kalt mit Eiscreme, Crème fraîche oder auch Schlagsahne.

8 STÜCK

1 Rezept süßer Mürbteig
(siehe Seite 282)

250 g Ricotta

250 g Mascarpone

125 g Puderzucker, und etwas mehr zum Bestäuben

abgeriebene Schale von 3 unbehandelten Orangen

2 Vanilleschoten, das Mark ausgeschabt (siehe Seite 304)

3 Eier, davon 2 getrennt und 1 verquirlt

100 g hochwertige Bitterkuvertüre (70 % Kakaoanteil), grob gehackt

Haselnuss-Ricotta-Torte

Als ich gerade nach London gezogen war, habe ich diesen Kuchen wer weiß wie oft gebacken, denn viel mehr Dessertrezepte beherrschte ich damals noch nicht. Außerdem war ich von dem italienischen Klassiker schlichtweg begeistert und bin es noch heute!

Den Backofen auf 190 °C vorheizen. Eine 28 cm große Springform mit Butter einfetten und den Boden mit Pergament- oder Backpapier belegen (siehe Seite 174); in den Kühlschrank stellen. Die Nüsse auf ein Backblech streuen und in etwa 5 Minuten im Ofen goldbraun rösten. Abkühlen lassen und in der Küchenmaschine fein zerreiben. Aber Achtung: Die Maschine darf dabei nicht heiß laufen, sonst geben die Nüsse ihr Öl ab, und das Mehl wird klumpig. Auch ohne Küchenmaschine kriegen Sie die Nüsse klein: Einfach in ein Küchentuch einschlagen, mit einem Nudelholz draufhauen und dann rollen.

Die Butter mit dem Zucker entweder in der Küchenmaschine mixen oder in einer Schüssel verrühren, bis Sie hell und cremig ist. Einzeln die Eigelbe und anschließend die Orangenschale einrühren. Das Mehl darüber sieben und mit dem Ricotta, den Nüssen und den Mohnsamen unterziehen. In einer zweiten Schüssel die Eiweiße mit der Prise Salz zu sehr festem Schnee schlagen und in kleinen Portionen unter die Haselnussmasse heben. In die vorbereitete Form füllen und für 25-30 Minuten in den vorgeheizten Ofen schieben. Der Kuchen soll zuletzt oben leicht gebräunt und natürlich richtig gar sein. Stechen Sie zur Probe in der Mitte ein Cocktailspießchen hinein: Wenn es sauber wieder herauskommt, ist der Kuchen fertig. Aus dem Ofen nehmen und abkühlen lassen.

Währenddessen die Konfitüre in einem kleinen Topf mit 4 EL Wasser unter Rühren langsam erhitzen, bis die Aprikotur aufkocht. Den kalten Kuchen auf der Oberseite damit einpinseln und, sobald sie abgekühlt ist, mit der Schokolade bestreuen. Mit etwas Crème fraîche oder weich gerührtem Frischkäse servieren.

8 STÜCK
115 g Butter, raumtemperiert, und etwas mehr für die Form
125 g Haselnüsse
125 g Zucker
4 große Bio-Eier, getrennt
abgeriebene Schale von 1 unbehandelten Orange
30 g Weizenmehl
125 g Ricotta
2 EL Mohnsamen
1 Prise Salz
3 gehäufte EL Aprikosenkonfitüre
50 g hochwertige Bitterkuvertüre (70 % Kakaoanteil), fein gerieben

Nektarinenkuchen mit Baiserhaube

Ein traumhaftes Dessert – auch mit anderen Früchten wie Aprikosen, Pfirsichen oder Pflaumen, ob solo oder gemischt, eine prima Sache.

Den Backofen auf 180 °C vorheizen. Den Teig nach Anleitung herstellen, eine 28 cm große gefettete Tortenbodenform damit auslegen und kurz einfrieren, damit der Teig nicht schrumpft. Die Nektarinen waschen, ringsum einmal einschneiden und die Hälften durch Drehen in entgegengesetzter Richtung voneinander lösen, den Stein entfernen. Die Früchte in Spalten schneiden und mit dem Vanillezucker, der Butter und der Speisestärke in einer kleinen ofenfesten Form gründlich vermischen. Mit Alufolie abdecken.

Den Teigboden aus dem Gefrierfach holen und in etwa 15 Minuten goldgelb backen. Gleichzeitig eine Etage tiefer die Nektarinen weich dünsten.

Die Eiweiße dickschaumig schlagen, den Zucker hinzufügen und weiterschlagen, bis eine steife Baisermasse entstanden ist.

Den Teigboden und die Nektarinen aus dem Ofen nehmen. Die Früchte mit ihrem Saft in den Teigboden füllen, die Baisermasse in mehreren Portionen darauf häufen und mit einer Gabel Spitzen herausziehen. 8 Minuten backen, bis die Baiserhaube leicht gebräunt ist. Heiß oder kalt servieren.

8 STÜCK

1 Rezept süßer Mürbteig (siehe Seite 282)

1,2 kg reife Nektarinen oder Pfirsiche

115 g Vanillezucker (siehe Seite 304)

etwas Butter, klein gewürfelt

1 gestrichener EL Speisestärke

5 große Eiweiß

125 g extrafeiner Zucker oder Vanillezucker

'Die Kuchen und Tartes in diesem Kapitel sind unschlagbar – probieren Sie unbedingt alle aus!'

Pflaumen-Mandel-Kuchen

Dieser Kuchen hat ein starkes Innenleben: eine delikate Mandelmasse und darin einge-
bettet herzhafte, gebackene Pflaumen.

Den Mürbteig herstellen, eine 28 cm große Tortenbodenform mit her-
ausnehmbarem Boden damit auslegen und den Teigboden blind
backen (siehe Seite 284/285).

Die ganzen Mandeln in der Küchenmaschine mit dem Momentschalter zermahlen und in eine Schüssel füllen. Als Nächstes die Butter
mit dem Zucker ebenfalls mit dem Momentschalter in der Küchenmaschine cremig verarbeiten. Zusammen mit den Eiern in die Schüssel
mit den Mandeln füllen und alles gründlich vermischen, bis eine weiche
Masse entstanden ist. Nachdem Sie nun noch die Pistazien in die Masse
eingerührt haben, kommt sie in den Kühlschrank, wo sie etwas fest
werden muss. Die Mandelmasse in den Teigboden füllen – er sollte nur
zu etwa drei Vierteln gefüllt sein, da ja noch die Pflaumen dazu kommen und die Füllung nicht überquellen darf.

Den Backofen auf 180 °C vorheizen. Die Pflaumenhälften mit dem
Vanillezucker vermischen, 10 Minuten ziehen lassen und danach flach
in die Mandelmasse drücken. Die Form auf einem Blech in den Ofen
schieben und den Kuchen etwa 1 Stunde backen, bis die Mandelmasse
außen fest und goldbraun, innen aber noch weich ist.

Den Kuchen etwa ½ Stunde abkühlen lassen und mit Eiscreme oder
Crème fraîche servieren.

8 STÜCK

*1 Rezept süßer Mürbteig
(siehe Seite 282)*

*350 g blanchierte und ent-
häutete Mandeln*

300 g Butter

300 g extrafeiner Zucker

3 Bio-Eier, leicht verquirlt

1 Hand voll Pistazien, geschält

*6-7 große Pflaumen, halbiert
und entsteint*

*3 EL Vanillezucker (siehe
Seite 304)*

Zitronentarte – meine Lieblingsvarianten

Das Geniale an dieser Tarte ist ihre Wandlungsfähigkeit. Für mich ist die klassische Grundversion nach wie vor das Nonplusultra, aber manchmal kommt etwas Abwechslung ganz gelegen. Sie können den Zitronensaft zum Beispiel mit Limetten- oder Orangensaft mischen oder auch eine reine Orangentarte zubereiten. Entscheidend ist nur, dass die Saftmenge immer genau 320 ml beträgt.

Den Mürbteig herstellen und nach der Anleitung auf Seite 284/285 eine gefettete Tortenbodenform mit 28 cm Durchmesser damit auslegen und blind backen.

Für die Füllung die Eigelbe, die ganzen Eier, den Zucker, den Zitronensaft und die abgeriebene Schale in einen Topf mit schwerem Boden geben und bei sehr niedriger Temperatur auf den Herd stellen. Etwa 4 Minuten mit dem Schneebesen schlagen, bis die Mischung allmählich eindickt. Jetzt können Sie den Schneebesen gegen einen Holzlöffel austauschen. Die Butter zufügen und kontinuierlich weiterrühren, sodass nichts am Topfboden ansetzt. Sobald Sie eine Creme erhalten, die den Rücken des Holzlöffels dick überzieht, nehmen Sie den Topf vom Herd und lassen die Zitronencreme etwas abkühlen. Nochmals mit dem Schneebesen schlagen, bis sie wieder schön glatt ist, und anschließend durch ein feines Sieb, das alle Schalenstückchen auffängt, direkt auf den Teigboden streichen. Nachdem Sie auch den letzten Rest der Zitronencreme mit einem Teigschaber aus dem Topf geholt und durchgesiebt haben, die Form vorsichtig rütteln, bis die Oberfläche der Füllung schön glatt ist. 30 Minuten ruhen und abkühlen lassen, wobei die Füllung etwas fest wird, und so servieren. Oder Sie probieren eine der nachfolgenden Lieblingsvarianten aus.

Varianten: Bestäuben Sie die Tarte dick mit Puderzucker, den Sie anschließend abflämmen (mit einem Crème-brulée-Brenner oder bei starker Hitze im Ofen unter dem Grill), bis sich die Oberfläche in eine braune, knusprige Karamellschicht verwandelt. Oder die 7 Eiweiße, die bei der Herstellung der Zitronencreme übrig geblieben sind, mit 200 g Zucker steif schlagen, wolkenartig auf den Kuchen häufen und bei 180 °C etwa 8 Minuten backen, bis die Baiserhaube einen Hauch Farbe angenommen hat.

Tipp: Früchte der Saison und speziell Himbeeren oder Erdbeeren bilden ein leckeres Extra zu dieser Tarte.

8 STÜCK

1 Rezept süßer Mürbteig (siehe Seite 282)

7 große Eigelb

7 ganze Eier

375 g extrafeiner Zucker

320 ml Zitronensaft und die unbehandelte abgeriebene Schale der Früchte

320 g Butter, raumtemperiert

Birnen im Schlafrock, gefüllt mit Mandeln, Orange und Schokolade

In letzter Zeit habe ich zu Hause ziemlich viel mit Filoteig herumexperimentiert, denn man bekommt ihn relativ günstig als fertiges Tiefkühlprodukt. Und wenn man die Blätter einfach mit zerlassener Butter bestreicht, kann man mit ihnen alles Mögliche verpacken oder auskleiden und so die schönsten Knuspereffekte erzielen. Was ich hier mit den Birnen anstelle, klappt genauso mit pochierten Äpfeln oder Nektarinen. Man schneidet das Kerngehäuse heraus (bei Nektarinen entfernt man stattdessen möglichst schonend den Stein), füllt die Früchte mit meiner speziellen Mandelmasse, hüllt sie in den Teig und backt sie. Kinderleicht und absolut köstlich – garantiert!

Den Backofen auf 170 °C vorheizen. Die Birnen dünn schälen, dabei nicht den Stiel entfernen (!), und von unten das Kerngehäuse herausschneiden, wobei eine etwa 4 cm tiefe Höhlung entsteht.

Die Mandeln in der Küchenmaschine fein zermahlen oder, um denselben Effekt zu erzielen, in ein Küchentuch einschlagen und mit einem Nudelholz bearbeiten. Mit 70 g Butter, dem Zucker, dem Vanillemark, der Orangenschale und dem Saft in eine Schüssel füllen. Alles zu einer glatten, gleichmäßigen Masse verarbeiten. Die Kuvertüre in kleine Stücke hacken und ebenfalls untermischen. In 4 Portionen teilen.

Die restliche Butter in einem kleinen Topf zerlassen. Ein sauberes Küchentuch unter den Wasserhahn halten und anschließend kräftig auswringen. Damit bedecken Sie die Filoteigblätter, die noch auf ihre Verarbeitung warten müssen, damit sie nicht austrocknen und zu brüchig werden. Ein Teigblatt auf die Arbeitsfläche legen, mit Butter bestreichen, das nächste Teigblatt darauf legen, wieder mit Butter bestreichen und so fortfahren, bis 4 Blätter übereinander liegen, die Sie nun auf eine Größe von 20 x 20 cm zuschneiden.

Die Birnen mit der Mandelmasse füllen und, was eventuell davon übrig bleibt, auf der Unterseite der Früchte verstreichen. Die erste Frucht in die Mitte auf das vorbereitete Teigquadrat setzen. Die Teigecken oben zusammenfassen und um den Fruchtstiel zusammendrücken. Sie dürfen hierbei ruhig ein wenig »unordentlich« sein, das sieht dann nach dem Backen richtig gut aus. Nachdem Sie die restlichen Birnen genauso verpackt haben, kommen sie auf einem Blech oder in einer Auflaufform für 25-30 Minuten in den vorgeheizten Ofen, bis ihre Teighülle goldbraun und knusprig ist. Sie schmecken riesig mit glatt gerührtem Frischkäse, Crème fraîche oder Vanilleeis.

4 PORTIONEN

4 perfekt ausgereifte Birnen

40 g blanchierte und enthäutete Mandeln

150 g Butter, raumtemperiert

50 g Zucker

1 Vanilleschote, das Mark ausgeschabt (siehe Seite 304)

abgeriebene Schale und Saft von 1 unbehandelten Orange

70 g hochwertige Bitterkuvertüre (70 % Kakaoanteil)

16 Blatt Filoteig, aufgetaut, falls aus der Tiefkühltruhe, aus dem türkischen Spezialitätenladen (alternativ 1 Blatt Blätterteig, dünn ausgerollt)

Bananen-Toffee-Törtchen mit gebrannten Mandeln

Zu meinen Kindheitserinnerungen aus dem Pub gehören diese Törtchen, die bei allen gut ankamen. Also wurden sie in entsprechenden Mengen hergestellt und dafür gleich ganze Batterien ungeöffneter Dosen mit gezuckerter Kondensmilch auf einmal in einem großen Topf etwa 4 Stunden gekocht. Diese Taktik kann ich Ihnen nur empfehlen, denn wenn Sie die Torteletts einmal probiert haben, möchten Sie garantiert mehr davon machen! Da die Dosen, während man sie kocht, unbedingt immer bedeckt sein müssen, prüfen Sie zwischendrin regelmäßig den Wasserstand. Wenn im Topf Ebbe herrscht, explodieren die Dosen und das ist nicht nur gefährlich, sondern, weil der pappige Inhalt in der ganzen Küche umherfliegt, zudem eine ziemliche Sauerei. Wichtig ist außerdem, dass man die Dosen nach dem Kochen vollständig auskühlen lässt, bevor man sie öffnet. Gekochte, aber noch verschlossene Kondensmilchdosen können Sie in der Vorratskammer monatelang und in der Gefriertruhe sogar noch länger lagern.

Den Backofen auf 180 °C vorheizen. Die Mandeln unter fließendem Wasser abspülen, kurz abtropfen lassen und sofort in einer Schüssel mit dem Puderzucker vermischen, bis sie einen klebrigen Überzug haben. Auf einem Backblech verteilen und 15 Minuten im Ofen rösten. Dabei werden sie alle paar Minuten durchgemischt, sodass sie gleichmäßig knusprig werden und bräunen. Sie dürfen auf keinen Fall zu dunkel werden, sonst schmecken sie hinterher bitter. Aus dem Ofen nehmen und abkühlen lassen. Den Teig herstellen, einzelne, gebutterte Tortelettförmchen – oder auch eine 28 cm große Tortenbodenform – damit auskleiden und die Böden 15 Minuten blind backen (siehe Seite 284/285). Außerhalb des Ofens auskühlen lassen.

Die Tortenböden so dick, wie Sie mögen, mit der gekochten Kondensmilch, dem Toffee, bestreichen. Die Bananen in Scheiben schneiden und darauf verteilen. Jetzt die Sahne steif schlagen, mit dem Kaffee oder Likör und dem Vanillemark aromatisieren und auf die Bananen häufen. Mir gefällt es, wenn der Sahnehügel etwas zerklüftet ist, aber Sie können ihn auch glätten.

Nun noch die gebrannten Mandeln darauf streuen und die Torteletts dann sofort servieren.

8 STÜCK

200 g blanchierte Mandeln

280 g Puderzucker

1 Rezept süßer Mürbteig (siehe Seite 282)

2 Dosen gezuckerte Kondensmilch (z. B. Milchmädchen, 400 g Inhalt)

6 Bananen

550 ml Sahne

2 EL starker Espresso oder Kaffeelikör (nach Belieben auch etwas weniger)

1 Vanilleschote, das Mark ausgeschabt (siehe Seite 304)

Clementinensalat mit Mandeln und Schokospänen

Ich freue mich immer auf einen erfrischenden Salat zum Dessert. Mit anderen Schokoladensorten, Nüssen oder Kräutern – wie wär's zum Beispiel mit Zitronenmelisse? – bleibt Ihnen viel Spielraum für Abwechslung.

Die Clementinen bis auf das gelbe Fruchtfleisch (die weiße Innenhaut der Schale muss vollständig entfernt sein) schälen, quer in dünne Scheiben schneiden und sämtliche Kerne entfernen. Die Scheiben auf einzelnen Tellern anrichten, mit der Minze und den Mandeln bestreuen.

In einem kleinen Topf das Wasser mit dem Zucker zum Kochen bringen. Das Vanillemark zufügen und zu einem goldgelben Sirup einköcheln lassen. Dabei sollten Sie möglichst nicht mehr viel rühren. Die Clementinen mit dem Sirup beträufeln und vor dem Servieren noch mit den Schokospänen bestreuen.

4 PORTIONEN

8 Clementinen

10 frische Minzeblätter, in feine Streifen geschnitten (nach Belieben, siehe Seite 114)

1 große Hand voll gehobelte Mandeln

4 EL Wasser

6 EL extrafeiner Zucker

1 Vanilleschote, das Mark ausgeschabt (siehe unten)

100 g hochwertige Bitterkuvertüre (70 % Kakaoanteil), gehobelt (siehe Seite 31)

VANILLEMARK UND VANILLEZUCKER

1. Die Vanilleschoten längs aufschlitzen.

2. Das Mark herausschaben.

3. Die leeren Schoten stecken Sie in ein Einmachglas mit extrafeinem Zucker, nach 3 Tagen ist der Vanillezucker fertig.

Gebackene Feigen mit Orangen, Pistazien und Mascarpone auf knusprigem Untergrund

Schmeckt umwerfend, macht garantiert gute Laune und geht ganz schnell.

Den Backofen auf 180 °C vorheizen. Den Mascarpone in eine Schüssel geben. Die Hälfte der Pistazien hacken und mit der Hälfte des Honigs, der Hälfte der Orangenschale und dem gesamten Orangensaft unter den Mascarpone mischen. Falls Sie auch die Schokolade verwenden, wird diese jetzt ebenfalls untergemischt. Probieren Sie die fertige Käsecreme. Vielleicht kann sie noch etwas mehr Honig vertragen.

Eine ausreichend große Keramikform mit der Butter ausstreichen. Die Rosinenbrötchen jeweils in vier oder fünf Scheiben schneiden, die ruhig etwas ungleichmäßig ausfallen dürfen, und damit die vorbereitete Form auslegen. Als Nächstes schnappen Sie sich ein scharfes Messer und schneiden die Feigen damit im oberen Drittel waagerecht ein, aber nicht komplett durch – der obere Teil soll mit dem unteren verbunden bleiben und als »Deckel« funktionieren. Mit dem Finger in jeder Frucht etwas Platz für die Mascarponecreme schaffen, die Sie jetzt mit einem kleinen Löffel so großzügig in die Früchte häufen, dass die »Deckel« nicht mehr ganz schließen. Den Rest der Creme stellen Sie erst mal beiseite.

Die Feigen gleichmäßig auf und zwischen die Brötchenscheiben setzen. Mit dem restlichen Honig beträufeln, anschließend die ganzen Pistazien und den Rest der Orangenschale darüber streuen. Die übrig gebliebene Mascarponecreme zwischen den Brötchenscheiben verteilen und das Ganze zuletzt mit dem Puderzucker bestäuben. Im vorgeheizten Ofen etwa 35 Minuten backen, bis das Brot goldbraun und knusprig ist und die jetzt weichen Feigen richtig klebrig aussehen. Mit gut gekühlter Crème fraîche oder Eiscreme servieren.

Tipp: Mit guten Brioches oder Croissants funktioniert das Rezept genauso wie mit den Rosinenbrötchen.

6 PORTIONEN
250 g Mascarpone
1 Hand voll ungesalzene geschälte Pistazien
4 EL flüssiger Honig
abgeriebene Schale von 2 unbehandelten Orangen
Saft von 1 Orange
100 g dunkle Schokolade, in kleine Stücke gebrochen (nach Belieben)
1 EL Butter
4 Rosinenbrötchen
12 makellose reife Feigen in beliebiger Farbe
2 EL Puderzucker
Cremè fraîche oder Eiscreme (nach Belieben)

Eiscola mit Nüssen und Mandeln

Wie die Perlchen im Glas tauchen bei diesem Dessert viele Erinnerungen an alte Zeiten auf. Damals habe ich es im Pub meiner Eltern oft für meine Freunde zubereitet. Nachmittags, wenn der Pub vorübergehend geschlossen war, haben wir uns hineingeschlichen, die Kisten mit der hausgemachten Eiscreme aus der Gefriertruhe geholt, und wenn wir Glück hatten, gab es in der Vitrine mit den Süßspeisen noch flüssige Schokolade. Davon habe ich etwas über zwei Eiskugeln in einem Glas gegossen, das ich dann bis zum Rand mit Coca-Cola aufgefüllt habe. Zum Schluss kamen noch gebrannte Mandeln und Pecannüsse darauf. Die lassen sich übrigens ganz leicht zaubern: Man muss nur die Nüsse (halbierte Pecan- oder auch Walnüsse und geschälte Mandeln, dazu vielleicht noch ungesalzene Pistazien) unter fließendes Wasser halten, kurz schütteln, sodass das überschüssige Wasser abtropft, und dann mit reichlich Puderzucker vermischen, bis sie einen pappigen Überzug haben. Auf einem Backblech flach ausbreiten und 15 Minuten bei 180 °C im Ofen rösten, bis sie goldbraun sind.

Die Eiscola ist als Dessert genauso gut wie als Drink, und, na ja, ziemlich schräg ist sie auch. Trotzdem, irgendwie gibt sie mir bis heute diesen speziellen Kick – auch wenn ich die Cola mittlerweile öfter mal durch einen doppelten Espresso ersetze, wie sich das für ältere Burschen gehört.

Die optimale Käseplatte

Ich will Sie unbedingt auf Käse einschwören! Dabei weiß ich, dass ich ein Glückskind bin, denn ich habe Patricia, die gleich bei mir um die Ecke ihren exzellenten Käseladen La Fromagerie betreibt; aber bestimmt findet sich auch in Ihrer Nähe ein anständiger Käsehändler. Und inspizieren Sie auch mal einen der immer zahlreicheren Bauernmärkte, da bekommt man manchmal exzellente regionale Produkte.

Vor kurzem bat ich Patricia, einen Käse-Crashkurs für meine »Gang« zu organisieren, denn immerhin sollen die fünfzehn Jungs und Mädels ja in Zukunft ein Spitzenrestaurant führen. Ich habe richtig Druck gemacht, dass jeder wirklich jede Sorte mal probiert, selbst wenn sie nach seinem Empfinden noch so abartig roch. Sie dürfen nicht vergessen, dass die meisten dieser Kids nicht gerade zu Feinschmeckern erzogen worden sind – klar, dass sie beim Anblick dieses ganzen Käses erst einmal skeptisch waren. Allerdings wusste ich genau, was in ihnen vorging. Denn vor etwa sechs Jahren, als Patricia eine ähnliche Verkostung im River Café veranstaltete, wo ich damals arbeitete, hatte auch ich von Käse überhaupt noch keine Ahnung. Jetzt konnte ich hoch zufrieden beobachten, wie die Kids strahlten, weil sie nie zuvor einen solchen Brie gegessen hatten, wie sie sich wieder und wieder etwas von dem Pecorino mit Trüffel, dem Ziegenkäse mit befremdlichem Aschebelag oder anderen »verdächtigen« Sorten nahmen oder sich nochmals kurz den würzigen Taleggio und Gorgonzola auf der Zunge zergehen ließen. Erstaunt stellten sie fest, dass zwischen einem Büffelmozzarella und seinem oft gummiartigen Gegenstück aus Kuhmilch Welten liegen. Natürlich kamen dann einige zu dem Schluss, dass ihnen nach wie vor die Cheddars, die sie seit Kindertagen kennen, am meisten behagen, aber genauso entdeckten andere ihre Vorliebe für eher obskure Exemplare, was sie selbst überraschte und mich echt freute.

Meine optimale Käseplatte muss so viele unterschiedliche Geschmackseindrücke wie möglich bieten: Erzeugnisse aus Ziegen- und Schaf-, Kuh- und Büffelmilch – frisch, mild und kräftig, hart, geschmeidig, bröckelig und körnig, zart aromatisch, aber auch scharf und streng, teils mit diesem oder jenem eingerollt oder eingerieben. Dabei hängt die Zusammenstellung auch davon ab, was man jeweils in guter Qualität bekommt. Man isst grundsätzlich erst die sanfteren, kürzer gereiften Sorten und arbeitet sich dann vor. Frisches Weißbrot oder leicht geröstetes Sauerteigbrot mag ich dazu am liebsten, zumal ich noch nie ein Freund von Knäckebrot oder Crackern war. Manche schätzen auch Trockenfrüchte dazu, aber all das ist letztlich reine Geschmackssache. Probieren Sie einfach Verschiedenes aus, und was Ihnen nicht zusagt, das lassen Sie eben in Zukunft weg.

Wenn ich zu Hause Gäste habe, serviere ich sechs oder sieben Sorten, angefangen bei einem milden Ziegenfrischkäse bis zu einem würzig-pikanten Blauschimmelkäse, dazu Brot, ein paar saftige Äpfel vom Wochenmarkt, außerdem Trauben und Selleriestangen oder besser noch geschälte junge Möhren (alle drei sind übrigens dazu da, den Gaumen zu neutralisieren und auf die nächste Käsesorte einzustimmen – das habe ich neulich erst gelernt) und im Frühsommer noch zarte Erbsen und sonnengereifte Kirschtomaten.

'Eine gute Käseplatte kann der Höhepunkt des Abends sein.'

Der perfekte Hefebrotteig

1. Schritt: Die Hefe und den Honig (oder den Zucker) in der Hälfte des lauwarmen Wassers auflösen.

2. Schritt: Das Mehl mit dem Salz auf die Arbeitsfläche oder in eine große Schüssel häufen. In die Mitte eine Mulde drücken und die gesamte Hefemischung hineingießen. Mit vier Fingern einer Hand in kreisenden Bewegungen langsam so viel von dem umgebenden Mehl einarbeiten, bis die gesamte Flüssigkeit aufgenommen ist. Dann das restliche Wasser in die Mulde gießen und langsam das gesamte Mehl einarbeiten, sodass schließlich ein feuchter Teig entsteht. (Manche Mehlsorten nehmen mehr Flüssigkeit auf als andere, passen Sie also die Zutatenmengen entsprechend an.)

3. Schritt: Hier geht's richtig zur Sache! Kneten, drücken, falten und rollen Sie den Teig 5 Minuten lang. So wird das Gluten - oder Klebereiweiß - aufgeschlossen und der Teig gewinnt die richtige Struktur. Was an Ihren Händen klebt, rubbeln Sie mit etwas Mehl ab.

4. Schritt: Beide Hände gut einmehlen und den Teig oben dünn mit Mehl bestreuen. Zu einem rundlichen Laib formen, auf ein Backblech legen und mit einem Messer tief einschneiden. Jetzt lässt man ihn ungestört aufgehen, bis sich sein Volumen verdoppelt hat. Ideal ist dafür ein warmer, feuchter, zugfreier Platz. Klarsichtfolie als Abdeckung beschleunigt den Vorgang. Diese Ruhepause dauert im Schnitt etwa 40 Minuten.

5. Schritt: Wenn der Teig auf das Doppelte aufgegangen ist, wird er nochmals 1 Minute geknetet und auf die Arbeitsfläche geschlagen, sodass die enthaltene Luft entweicht. Dann wird er weiterverarbeitet, wie es das jeweilige Rezept verlangt - ob länglich oder rund geformt, ausgerollt und gefüllt - und auf ein Blech gelegt. Lassen Sie ihn jetzt erneut auf das Doppelte aufgehen und geben Sie ihm dafür genug Zeit.

6. Schritt: Da die Luft diesmal unbedingt im Teig bleiben muss, schieben Sie ihn vorsichtig in den vorgeheizten Ofen. Halten Sie sich an die in den Rezepten angegebene Temperatur und Backzeit. Und die Garprobe: gegen die Unterseite klopfen, es muss hohl klingen. Befindet sich das Brot in einer Form, nehmen Sie es für den Test heraus und setzen es bei Bedarf nochmals hinein. Auf einem Drahtgitter auskühlen lassen.

30 g frische Hefe oder 3 Päckchen (je 7 g) Trockenhefe

30 g flüssiger Honig (oder Zucker)

625 ml lauwarmes Wasser

1 kg Weizenmehl Type 550 (Backstark)

30 g Salz

Mehl zum Bestäuben

'Backen Sie doch einmal Ihr eigenes Brot –
mit dieser Anleitung ist das eine der leichtesten
Übungen. Was Sie nach demselben
Grundrezept sonst noch Feines
fabrizieren können, sehen Sie
auf den nächsten Seiten.'

'Um 3 Uhr morgens sind Bäcker wie John schon längst bei der Arbeit, damit Schlafmützen wie wir später ihr frisches, köstliches Brot bekommen.'

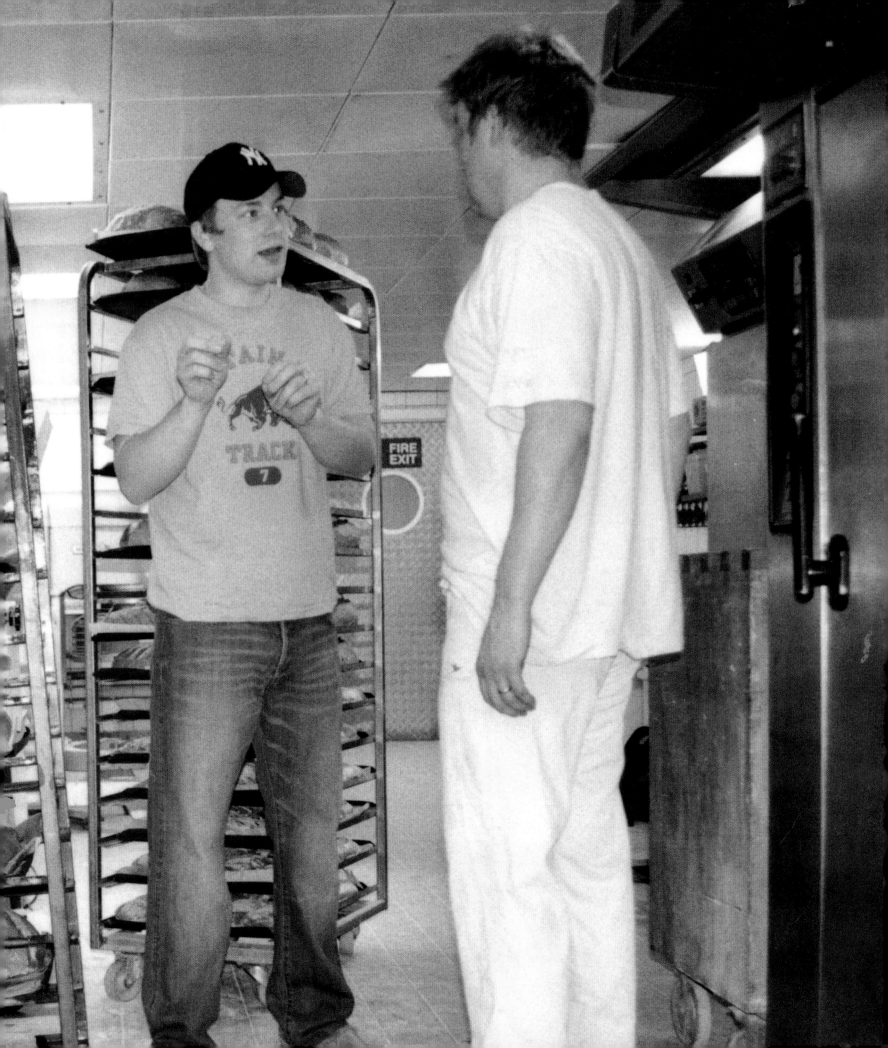

Focaccia mit Kirschtomaten und Basilikum

Seit langem bin ich ein absoluter Focaccia-Fan und ganz besonders stehe ich im Moment auf diese Version. Auch alle anderen sind anscheinend ganz versessen darauf, denn kaum habe ich sie bei einem Picknick ausgepackt, ist sie auch schon weg. Man kann sie ebenso wie eine Pizza als Hauptgericht servieren: Der Belag besteht einfach aus kleinen Kirschtomaten in Rot, Gelb und Grün und natürlich einer Menge frischem Basilikum.

Den Teig nach dem Grundrezept herstellen und 40 Minuten gehen lassen (Schritt 4). Inzwischen die Tomaten blanchieren und enthäuten, wie auf Seite 110 beschrieben. Sofern sie schön klein sind, werden sie nicht zerteilt. In eine Schüssel legen, mit dem Olivenöl beträufeln, darin wenden und beiseite stellen.

Normalerweise mache ich eine große Focaccia, aber wenn Ihnen das lieber ist, backen Sie eben zwei kleinere. Den aufgegangenen Teig auf die Arbeitsfläche schlagen, um die eingeschlossene Luft zu herauszulassen. Anschließend den Teig etwa 2,5 cm dick ausrollen, auf ein bemehltes Backblech legen und ausziehen, bis er das gesamte Blech ausfüllt. Die Tomaten mit ihrem Öl auf dem Fladen verteilen und mit dem Basilikum bestreuen. Jetzt erhält die Focaccia noch ihr typisches Aussehen. Dafür drückt man die ausgestreckten Finger in den Teig, den man, wenn die Finger den Boden des Bleches erreichen, etwas auseinander zieht. In den zahlreichen Mulden, die so entstehen, sammelt sich das Öl. Die Focaccia ruhen lassen, bis sich das Volumen wieder verdoppelt hat. Mit Salz und Pfeffer bestreuen und vorsichtig in den auf 220 °C vorgeheizten Ofen schieben. Sie braucht etwa 20 Minuten, bis die Oberfläche goldgelb und kross und das Innenleben noch weich ist. Nachdem Sie die Focaccia aus dem Ofen genommen haben, träufeln Sie gleich noch etwas Öl darüber.

1 GROSSES ODER
2 KLEINERE BLECHE
1 Rezept Hefebrotteig (siehe Seite 312)

600 g Kirschtomaten

10 EL bestes Olivenöl

Mehl für das Blech

1 gute Hand voll frisches Basilikum, die Blätter abgezupft

Meersalz und frisch gemahlener schwarzer Pfeffer

Rosmarin-Rosinen-Brot

Die süßen Rosinen sind der eigentliche Gag an diesem würzigen Brot, das wirklich zu allem passt. Aber mit einem Stück Cheddar, süßsauer eingelegten Zwiebeln, Gurken oder anderen süßlichen Pickles und einem kühlen Bier ist es der absolute Hit!

Verfahren Sie nach dem Grundrezept für den Brotteig auf Seite 312, wobei Sie am Anfang von Schritt 3 den Rosmarin und die Rosinen in den Teig einarbeiten. Falls er zu klebrig ist, geben Sie noch etwas Mehl dazu. Den Teig kneten, bis er elastisch ist und seidig glänzt, anschließend 30-60 Minuten ruhen lassen. In zwei gleich große Portionen teilen und diese energisch kneten und schlagen, um alle Lufteinschlüsse zu entfernen, dabei noch etwas mehr Mehl einarbeiten. Ich forme aus diesem Teig am liebsten zwei längliche Laibe, die wie eine dicke Wurst aussehen, aber Sie können ihm auch jede beliebige andere Form geben.

Die Brotlaibe auf ein Backblech legen, mit Mehl bestäuben und erneut auf das doppelte Volumen aufgehen lassen. Mit einem sehr scharfen Messer der Länge nach einschneiden - manchmal stecke ich jetzt noch einen Rosmarinzweig in jeden Laib - und dann in den auf 180 °C vorgeheizten Ofen schieben. Die Brote etwa 25 Minuten backen, bis sie schön goldbraun und knusprig sind, und vor dem Aufschneiden ganz abkühlen lassen.

2 MITTELGROSSE LAIBE
1 Rezept Hefebrotteig (siehe Seite 312)

1 großes Bund frischer Rosmarin, die Blättchen abgezupft

500 g Rosinen, gehackt

Mini-Calzoni mit süßer Trauben-Rosmarin-Füllung

Ich habe diese gefüllten Teigtaschen schon im Mini- und im Riesenformat gemacht und im Monte's habe ich sie sogar als Dessert serviert – gefüllt mit Vanille- und Rosmarineis. Klein und fein, wie in diesem Rezept, passen sie gut zu einer Käseplatte (siehe Seite 310).

Befolgen Sie das Grundrezept für den Brotteig bis zur ersten Ruhephase in Schritt 4. Während dieser Zeit für die Füllung die Trauben mit dem Zimt, den Rosmarinblättchen, dem Vin Santo, dem Zucker und den Pinienkernen in einer Schüssel vermischen und ziehen lassen.

Nachdem der Teig auf den doppelten Umfang aufgegangen ist, teilen Sie ihn in zwei Portionen, die Sie jeweils 1 cm dick ausrollen und mit Mehl bestäuben. Mit einem Teigausstecher oder einer Untertasse als Schablone und dazu einem Teigrädchen Kreise von etwa 15 cm Durchmesser ausschneiden. Eigentlich ist der Durchmesser egal, aber hier soll das Format ja mini sein. In die Mitte jedes Teigstücks 1 kleinen EL der Füllung setzen. Die Teigränder über der Füllung zusammenführen und zusammendrücken, mit den Fingerspitzen ein Wellenmuster eindrücken. Sollten die Teigtaschen dabei irgendwo aufreißen, kitten Sie die Stellen mit Teig wieder zu. Die Calzoni mit etwas Olivenöl beträufeln und kurze Rosmarinspießchen hineinstecken. Im vorgeheizten Ofen bei 180 °C in 20 Minuten goldgelb backen.

Variante: Mischen Sie 100 g zerkrümelten Ricotta unter die Trauben. Damit schmecken die Calzoni fast wie kleine Kuchen.

10-14 KLEINE CALZONI

1 Rezept Hefebrotteig (siehe Seite 312)

500 g kernlose grüne oder rote Trauben, gewaschen, verlesen und halbiert

½ TL gemahlener Zimt

3 frische Rosmarinzweige, die Blättchen abgezupft

1 kleines Weinglas Vin Santo oder süßer Weißwein

150 g Zucker

1 Hand voll Pinienkerne, leicht geröstet

Mehl zum Bestäuben

bestes Olivenöl zum Beträufeln

10-14 kurze Rosmarinspießchen (siehe Seite 248)

Brot mit gebratener Zwiebel-Knoblauch-Füllung

Ein tolles Brot, das, warm serviert, fast schon eine Mahlzeit abgibt. Optimal schmeckt es auch bei einem Picknick, zum Barbecue oder als kleine Stärkung in der Mittagspause.

Den Brotteig nach der Grundanleitung herstellen und, während er das erste Mal ruht (Schritt 4), den Backofen auf 190 °C vorheizen. Alle übrigen Zutaten außer dem Mehl in einem kleinen Bräter vermischen und ½ Stunde im vorgeheizten Ofen braten, danach abkühlen lassen und fein hacken. Aus dem aufgegangenen Teig die Luft herausschlagen (Schritt 5) und auf der bemehlten Arbeitsfläche zu einem etwa 1 cm dicken, rundlichen Fladen ausrollen. Mit der Zwiebel-Knoblauch-Mischung bestreichen und aufrollen, dabei die Seitenränder nach innen schlagen. Die fertige Rolle zuletzt wie gewünscht formen – zum Beispiel zu einem Ring –, auf ein mit Öl bestrichenes Backblech legen, mit Mehl bestäuben und mit einem scharfen Messer längs oder quer (je nach Form) einritzen. Jetzt folgt die zweite Ruhephase. Nachdem die Rolle auf das doppelte Volumen aufgegangen ist, kommt sie in den inzwischen auf 220 °C aufgeheizten Ofen und wird in etwa 35 Minuten goldbraun und knusprig gebacken. Um festzustellen, ob sie wirklich gar ist, klopfen Sie gegen die Unterseite. Wenn es hohl klingt, ist alles bestens.

1 GROSSER LAIB

1 Rezept Hefebrotteig (siehe Seite 312)

4 rote Zwiebeln, geschält und in Scheiben geschnitten

2 Knoblauchknollen, die Zehen vereinzelt, geschält und in Scheiben geschnitten

10 EL Balsamico-Essig

4 EL Olivenöl, und etwas mehr für das Blech

1 kleine Hand voll Thymian, die Blättchen abgezupft und leicht zerstoßen

Mehl zum Bestäuben

Brot mit gebratenen Knoblauchtomaten

Wirklich sensationell schmeckt dieses aromatische Brot geröstet und mit Mozzarella und Basilikum belegt zum Mittagessen oder auch einfach so. Ich backe es am liebsten in leeren, gründlich ausgespülten Tomatendosen, genauso können Sie den Teig zu einem großen Laib oder mehreren kleinen Broten formen.

Den Backofen auf 150 °C vorheizen. Die Tomaten mit einem spitzen Messer einstechen und zusammen mit den Hälften der Knoblauchknolle in einer Lage in einen ausreichend großen Bräter füllen. Mit dem zerrupften Basilikum bestreuen, kräftig mit Salz, Pfeffer und nach Geschmack auch mit zerbröselten Chilis würzen, zuletzt mit 2-3 Schuss bestem Olivenöl beträufeln. Etwa 1 Stunde im vorgeheizten Ofen braten, danach abkühlen lassen.

Die nun süßen Knoblauchzehen aus den Häuten drücken (die Häute werfen Sie weg). Die schönsten 6-8 noch am Stiel sitzenden Tomaten beiseite legen - sie werden später als Garnitur verwendet -, die restlichen Tomaten enthäuten, von den Stielen zupfen und zusammen mit dem Knoblauch im Bräter zerdrücken, dabei gleichzeitig den Bodensatz loskratzen. Beginnen Sie nun mit der Herstellung des Brotteigs nach der Anleitung auf Seite 312. Allerdings fügen Sie in Schritt 2 nicht einfach das restliche Wasser hinzu, sondern füllen die Tomaten-Knoblauch-Mischung in einen Messbecher und ergänzen die erforderliche Menge (gut 300 ml) mit Wasser. Anschließend gehen Sie weiter nach dem Grundrezept vor, wobei Sie eventuell noch etwas Mehl einarbeiten müssen, damit Sie einen elastischen, glänzenden Teig erhalten, der nicht mehr klebt. ½ Stunde ruhen lassen.

Den Teig formen, attraktiver ist es jedoch, wenn Sie ihn in die vorbereiteten Konservendosen füllen und oben eine Tomate hineindrücken. Nochmals etwa 15 Minuten gehen lassen, bis sich das Volumen verdoppelt hat, und dann bei 180 °C in etwa 20 Minuten goldbraun und knusprig backen - ein großer Laib braucht 10-15 Minuten länger.

Variante 1: Stellen Sie den Teig nach dem Grundrezept her und drücken Sie in Schritt 5 einfach sonnengetrocknete Tomaten hinein.

Variante 2: Wenn Sie zusätzlich zu den Tomaten noch Mozzarellastücke in den Teig geben, wird das Brot besonders saftig.

6-8 »DOSEN-BROTE«

1 kg Strauch-Kirschtomaten (oder auch die ganz kleinen Strauch-Eiertomaten)

1 Knoblauchknolle, quer halbiert

1 Hand voll frisches Basilikum, die Blätter abgezupft

Meersalz und frisch gemahlener schwarzer Pfeffer

1-2 getrocknete rote Chilischoten (nach Belieben)

bestes Olivenöl

1 Rezept Hefebrotteig (siehe Seite 312)

6-8 leere Tomaten- oder andere Konservendosen, ausgewaschen und mit Pergamentpapier ausgekleidet oder mit reichlich Olivenöl ausgestrichen

Register

Das Zeichen v steht für vegetarische Gerichte.

NICE ONE

(Letters decoratively drawn with annotations: "NICE ONE!", "CHEERS!", "INSPIRATIONAL", "EXCITING", "Ooooh! No! MATRON", "NEARLY THERE", "NUTTER", "END!")

This is a babble of drink inspired love (Hoegaarden – to be specific) to thank all you lovely people. By Jamie O. + James B.

A REALLY BIG THANK YOU TO ALL THE LOVELY PEOPLE WHO HELP ME DO WHAT

I DO ! Firstly, my gorgeous wife Jools who seems to put with no end of late nights missing dinners, forgetting important dates and everything else you can imagine !

And thanks "BABE" for giving me little Poppy ~

Thanks Mum for checkin' All my speling – FANKS! xxx

Thanks to Dad for being Dad ➤ Mum and Dad – I appreciate you more than ever now – Being a GOOD parent is not an easy ride!

(labels: Jools, Poppy)

Oops! A big thanks to the mother-in-law Mrs N.... for all the cajun cooking ideas (cook that chicken less) !

Uncle Alan – for all your help & love

A BIG THANK YOU TO ALL THOSE

MERCI BEAUCOUP! xxx !xxx!

PEOPLE WHO HAVE SUPPORTED ME OVER THE LAST FIVE YEARS. CHEERS! KEEP COOKING THOSE MEALS!

THANKS!

VIELEN DANK! xxx!

MUCHAS GRACIAS

Tak!

Monsieur Lord Loftus (David Loftus): Thanks for the wonderful photography

Dave: Bring on New York, Sidecars and Jimmy at Jean-George Restaurant on a cold night

P.S. Lots of love to Debbie, Paros and Pascal xxx !

3RD time running

click

LHS STUDIOS!

Lee Haggerwood

Hasselblad – the best cameras In the world!

Curtain James

and your internet girlfriend

Beef Mr Frost (the oldest pervert I know) – clear up that rash

Josh and Stephanie at 'Deconstructed'

and to Harriet & Gemma xx

TO MY GANG The office

Tessa Graham – Strategically speaking – thanks – going forward – thanks

To the irreplaceable Louisa Holland – THANK YOU DARLING'

Sharon the trendy girl with the pink shoes

For Andy Baker for tromboning

LIGHT THAT CANDLE OF LOVE DOT COM!

To the lovely Lisa Norton – for all her HARD WORK! Boots on or off!!?

For your calm and professional Nature

To THE GORGEOUS NICOLA

DUGUID – keep Saying No!

Nice one to Spencer (Jesus – her fella)

Lovely Lynne

Andrew Conrad

Simon willis – local radio

Zoe 'Bun in the Oven' Collins

TO EVERYONE AT FRESH ONE Productions